케찹이 되고 싶어

프롤로그

실패의 동의어는

실패에 대해 써보겠다고 말한 지 딱 1년이 됐다. 실패를 통해 무엇이든 배우자는 그럴듯한 목표는 처음부터 없었다. 그도 그럴 것이 쓰는 일이란 소란한 실패 속에서 허덕이다 더는 견딜 수 없을 것 같은 지점에 이르러 겨우 글 하나를 건져내는 일이었다. 사정이 이렇다 보니 그 외의 일에 마음 쏟을 여력은 있을 수 없었다. 무던한 일상에 툭 튀어나온 요철 같던 실패도 계속 반복되다 보니 뭉툭해졌고 그냥 사는 일이 됐다. 넘어져도 일어나고, 속 쓰려도 할 일 하고, 주춤해도 갈 길 가는 게 일상이었다.

이 안에 담긴 실패들은 서로 다른 시간과 사건을 가진 메모를 모아 엮었다. 이야기는 대낮의 유령처럼 언뜻 보였다 순식간에 사라지기 때문에 메모는 속도전이었고 잡히는 대로 재빠르게 써서 아무 곳에나 던져두었다.

어쩌면 사는 일

상당한 분량의 메모를 다람쥐 도토리 숨겨두듯
곳곳에 묻어뒀지만 찾아 먹은 건 얼마 되지 않았다.
어떤 건 메모 그대로 옮겼고, 어떤 건 잘못된 부분을
고쳤으며, 또 일부는 새롭게 썼다. 그렇게 어느
아이스크림 브랜드처럼 각양각색 31가지 맛의
실패가 모였다. 종이 위에 글이 놓인 모습을 상상해
보니 마치 누군가에게 건네고 싶은 선물 박스처럼
느껴졌고, 그렇다면 이 책은 산문집이 아닌 '선물집'
이라고 이름 붙여도 근사하겠다는 생각이 들었다.

여름에 시작해서 여름에 마무리 지은 선물집.
고심해서 골라 담은 31개의 다양한 맛이 덥석 베어
무는 사람들에게 저마다의 특색을 지니고서
맛깔나게 삼켜지면 좋겠다.

프롤로그

✕✕ Failuary

프롤로그 실패의 동의어는 어쩌면 사는 일 4	**1** 　건치 갖기 실패 어루만지는 마들 10	**2** 　표준으로 살기 실패 78kg 분기점 14	**3** 　어울리기 실패 사채과 체증 20
8 　현명한 사람 되기 실패 파운드케이크 50	**9** 　목표 찾기 실패 케찹이 되고 시어 56	**10** 　망각하기 실패 태우지 못한 기억 64	
15 　맥주 끊기 실패 좋아하면 말하는 98	**16** 　차력 먹기 실패 절마저잉 때의 시사법 104	**17** 　포기하기 실패 불쾌를 먹고 크는 사람 108	
22 　미용실 가기 실패 바짜바짜 유리 자갈 140	**23** 　연애하기 실패 연애의 조건 148	**24** 　성공하기 실패 귀여운 절망 156	
29 　자살하기 실패 비그으로 그리 그림 184	**30** 　연락하기 실패 뒤늦게 알게 된 마음 194	**31** 　후회하지 않기 실패 화정된 시간 200	

Monthly Failure Planner

4 함께 먹기 실패	5 숙면하기 실패	6 계절 감상하기 실패	7 친절하기 실패
그 체의 추억	지금 몇 시지?	쉬운 기쁨	철 덜 든 사람
24	28	34	40

11 긴장하지 않기 실패	12 원고 쓰기 실패	13 물건 버리기 실패	14 노후 계획 실패
통화하기 싫어요	쓰고 싶다고 해놓고	패딩은 15살	기대도 두려움도 없이
70	76	82	90

18 휴식하기 실패	19 건강하기 실패	20 용기 내기 실패	21 뒷담화하지 않기 실패
쓸모의 재정의	질병과 벗고 저	치사한 슬픔	맵싸한 냉매
116	122	128	132

25 입양하기 실패	26 해결하기 실패	27 인정하기 실패	28 실패하지 않기 실패
나만 없어 고양이	사주 탓	포코 아 포코	다음 실패를 위하여
160	166	174	178

에필로그
읽을 만한 시간

206

Week 1
급체의 추억

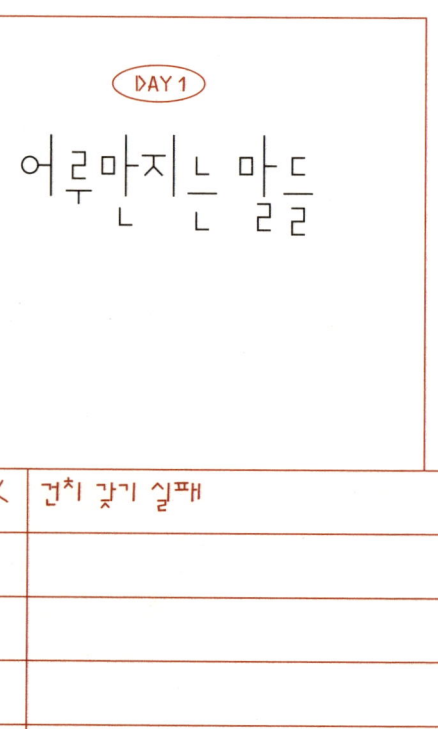

DAY 1
어루만지는 말들

✗	건치 갖기 실패

Weekly Failure Planner

동네 치과를 찾았다. 어디가 불편해서 내원했느냐는 직원의 말에 치아 상태를 점검받으러 왔다고 했다. 엑스레이 촬영 후 진료실 입장. "질긴 거 좋아하세요? 아니면 뭐, 딱딱한 거나." 의사의 질문에 "글쎄요 딱히……."라고 답했다. "자, 여기 보시면 금이 가 있죠? 이건 일부 깨지기도 했고요. 사랑니 앞쪽 어금니 모서리도 꽤 크게 부서져 있네요. 뭔가 아주 단단한 걸 씹으신 것 같은데, 부드러운 걸 드시는 게 좋겠습니다. 일단 부서지거나 금 간 건 이 정도고요. 충치는……." 깨진 치아 사진만큼 충치 사진도 많았다. 말도 안 돼. "양치질 잘해도 충치가 생길 수 있어요. 지금까지 잘 관리했으니 이 정도를 유지할 수 있었던 것 같은데, 그쵸?" 의사는 살짝 웃으며 차분하게 설명했다. 청량한 눈웃음. 긴장으로 뻣뻣했던 등 근육이 사르르 풀려 진료대 등받이에 흐무러지듯 몸을 기댔다. 여지없이 덮쳐온 안도로 나는 의사를 완전히 신뢰했다. 아니, 왜? 눈웃음 때문에? 진료는 아직 시작되지도 않았는데.

치료 기간은 한 달 반으로 잡았다. 치료하는 동안 입 부위가 뚫린 초록색 의료용 천을 얼굴에 덮고 누워 있으니 할 수 있는 거라곤 생각밖에 없었다. 잡념이 슬슬 일어났다. 즐거웠다가, 시무룩했다가, 흥미로웠다가, 시시했다가, 담담했다가, 기뻤다가, 차분해졌다가, 두

1. 건치 갖기 실패

근두근했다가, 이해될 것 같았다가, 갑자기 섭섭해지고. 생각을 따라 온갖 동사와 형용사가 따라붙었다. 이 말들을 따라가 보니 '사는 게 뭘까?' 답 없는 주제가 등장했다. '사는 게 뭐긴, 이런 거지. 충치 치료 같은 거. 안 아프면 괜찮고, 아프면 싫은 거. 고치거나 놔두거나, 그래서 낫거나 심해지거나. 그런 게 오고가는 거.' 그렇네. 그렇구나. 그러니까 좋은 일이 생겼다고 운 좋다 들뜰 일도, 안 좋은 일에 인생 망가졌다 한탄할 일도 아니구나 싶었다. 충치 치료를 받으며 인생 철학을 운운하게 되는 흐름이라니. 대체 무의식의 어느 부분을 건드린건지.

신경 치료를 받는 날, 내 앞 예약 환자의 진료가 늦어지고 있었다. 급한 일정도 없어서 느긋하게 대기실에서 순서를 기다렸다. 진료실에서 대화 소리가 들렸다. 의사는 환자와 수다를 떠는 모양새는 아니었지만, 넘겨듣는 것 같지도 않았다. 의사는 "아이고, 저런.", "힘드셨겠네요.", "정말 그렇네요." 정도를 번갈아 쓸 뿐이었다. 환자의 소란스런 목소리와 낮고 차분한 의사 목소리가 리드미컬하게 섞였다 사라지길 반복했다. 나는 대기실에서 몹시 작은 크기로 의사의 말을 속삭였다. "아이고, 저런. 아이고, 저런." 그러다가 소리 없는 웃음이 났다. 이 말이 강아지 머리 쓰다듬듯 마음을 어루만졌다. 여길 처음 온 날 의사의 싱거운 추임새에 왜 순해졌는지 알 것 같았다. 저 말엔 아픈 사람이 원하는 대부분의 마음이 들어 있었다. 이해, 연민, 위로, 진정, 이런 푸근한 것들이 골고루.

치과는 마치 어른을 위한 유치원 같았다. 아픈 어른들은 이곳에서 어린이가 됐고, 의사는 필요한 말과 말 없는 말로 기꺼이 그들을 대했다. 유치원은 어린이의 심신 발달을 위한 교육 시설이라는데, 여기서만큼은 얼추 그 취지를 살리는 것 같기도 했다. 진료가 이어지는 동안 나 역시 흔쾌히 엄살 많은 어린이가 되었고, 의사의 싱거운 추임새는 그런 나를 달랬다. 통증과 돌봄 사이에서 다른 환자들처럼 보고 듣고 말하며 어느새 10개의 충치 진료가 완전히 끝났다. 한 계절이 사라졌다. 어디서 본 적 없는 참 이상한 치과. 하지만 늘 이상했으면 하고 바라게 되는 아픈 어른의 유치원이 우리 동네에 있다. ☺

1. 건치 갖기   실패

DAY 2

78kg 분기점

✗	견치 갖기 실패
✗	표준으로 살기 실패

Weekly Failure Planner

4명이 일하던 작은 디자인 사무실. 3개월째 월급이 밀렸지만 사무실은 그대로였고 대표는 필리핀으로 도망갔다는 소문이 돌았다. 할 일이 없어도 출퇴근했다. 그때의 나는 이직이나 소송을 할 생각조차 못했던 사회 초년생이었다. 당시 강남역 2번 출구 근처 유흥가 뒷골목 사이에 위치한 남녀 공용 고시원에 살았다. 창문 없는 방 21만 원, 창문 있는 방 23만 원. 밥, 김치, 라면 무료 제공. 그 동네에서 가장 싼 곳이었다. 월급은 밀렸고, 살길이 보이지 않았다. 가까이에 친구도, 도움을 구할 사람도 없었다. 덜컥 폭식증이 왔다. 생각해 보면 알코올 의존보다는 나은가 싶지만 폭식도 사람이 할 짓은 아니었다.

고시원에 돌아오면 밥과 김치를 숨이 찰 때까지 먹었다. 계속 먹기 위해 먹은 걸 토해 내고 다시 라면을 먹었다. 그러다 보면 어느새 새벽이 됐지만 폭식은 이어졌다. 싸고 질 나쁜 음식들을 입에 밀어넣었다. 어느 날은 고시원에서 밥과 김치를 아무렇게나 섞어 입에 넣는 순간 울음이 터졌다. 울면서 먹었고, 토했고, 다시 먹었다. 더럽고, 흉하고, 그래서 한심한 몰골을 하고서. 먹다가 지치면 앉은 채 잠들었다. 51kg이었던 몸이 순식간에 78kg까지 불어나니 여기저기 피부가 트고 하루 종일 멍했다. 모든 신체 기관이 퇴화되고 거대한 입만 남은 것 같았다.

화장실과 주방이 있는 집에서 출퇴근을 하고 월급을 받고 그것으로 생활을 꾸리는, 내가 생각한 평범한 일상이 모두 무너졌다. 뭘 어떻게 해야 할지 갈피를 잡지 못했다. 겁에 질린 나는 고향으로 돌아가고 싶었고 무작정 울산행 고속버스 표를 끊었다. 고향 집 현관을 열고 들어갔을 때 어머니는 이른 저녁을 차리고 있었고 아버지는 멀찍이 서서 나를 위아래로 훑었다.

"니 꼬라지가……이기 사람이가.
  지방 흡입이라도 해라."

거실에서 나를 본 아버지가 처음 내게 건넨 말이었다. 민망함, 수치심, 외로움과 치솟는 분노가 밀려와 참을 수 없었다. 나는 바로 서울 강남의 고시원으로 돌아왔다.

위로의 말이 필요했다. 저 나름 무어라도 해보겠다고 노력하다 안 된 사람에 대한 안타까움과 망가진 모습에 대한 속상함이 에둘러 표현된 따뜻한 말이 간절했다. 그런 말 한마디라면 나는 한없이 미안하고 고마워져 단번에 자신을 일으켜 세울 것만 같았다. 하지만 힘듦을 알아보는 사람도, 그걸 알아주길 부탁할 사람도 없었다. 아무도 없음을 분명히 깨달았을 때에야 정신이 번쩍 들었다. 나의 사정을 알고, 바로잡을 수 있는 사람은 오로지 나뿐이었다. 나는 고시원 방에 자신을 가두려는 나에게 어떻게든 기회를 주고 싶었다. 딱딱하게 굳은 마음 밖으로 나갈 기회를. 주저하다간 영영 헤어나오지 못할 것 같아서 사무실을 그만뒀다. 곧바로 고시원 옆 건물 지하에 있던 헬스장을 찾았다. 주 6일 매일 아침, 저녁으로 운동을 했다. 기분이 좋아도, 싫어도, 우울해도, 화가 나도 방을 나와 옆 건물 지하로 들어갔다. 거기서 어지러울 때까지 걷고, 뛰고, 들고, 당기고, 밀었다.

삶에는 여러 단계가 있다. 각 단계에서는 내외로 명백한 변화를 맞이하는데 예를 들면, 유치원에 입학하는 지점, 2차 성징이 드러나는 지점, 미성년에서 성년으로 넘어가는 지점 등등. 단계를 지나가면 그전으로 돌아갈 수 없고, 다가오는 시간들에 대한 기대와 불안으로 혼란을 맞이하기도 하니 삶의 과도기라고 할 수 있다. 그때의 나는 어떤 단계를 넘어서기 위해 안간힘을 쓰고 있었다. 그럴 수만 있다면 나는 지난날에서 벗어나 새로운 시간을 만나게 될 거라는 희망을 가졌다.

한 달 뒤, 더는 먹기 위해 토하지 않았고, 울면서 먹지도 않았다. 이력서를 쓸 틈이 났고, 합정과 홍대 사이에 위치한 작은 일러스트 사무실로 이직했다. 새로운 사무실로 출근하기 전날, 화곡동 까치산역 인근에 있는 우영하우스 301호로 이사했다. 미리 도착한 택배를 현관에 들여놓고 원룸 방에 누워 천장을 바라봤다. 1년 8개월을 살았던 고시원 천장과 비교할 수 없을 만큼 깨끗하고 높았다. 하루 종일 굶었지만 배고프지 않았다. 입가가 쓰릴 만큼 음식을 욱여넣어도 허기졌던 내가, 먹지 않아도 아무렇지 않은 날을 다시 맞이했다.

이사 온 집은 없는 게 많았다. 벌레(개미, 거미, 바퀴)가 없었고, 술과 담배와 체취에 찌든 냄새가 없었고, 불시로 문손잡이를 돌리는 사람이 없었고, TV 소음이 없었고, 벽을 치는 소리가 없었고, 옆방의 사생활 소리가 없었고, 드잡이하며 지르는 괴성과 욕설이 없었다. 옷 가방을 베개 삼아 베고 이불도 없이 맨바닥에 웅크리고 누워 "좋다, 좋다." 소곤대다가 헤죽헤죽 웃으며 잠들었다. 다음날 집을 나섰다. 열쇠로 잠그지 않아도 되는 두꺼운 철제문, 도어락의 잠금 소리가 경쾌했다. 표준의 삶에서 벗어났던 강남역 2번 출구 고시원 생활이 완전히 끝났음을 그제야 실감했다. ☺

2. 표준으로 살기 _____ 실패

산책과 체증

✗	~~긍치 갖기 실패~~
✗	~~표준으로 살기 실패~~
✗	어울리기 실패

Weekly Failure Planner

2008년만 해도 '산책'이라는 단어를 일상에서 자주 쓰지 않았다. 요즘은 회사 점심시간을 자기 뜻대로 자유롭게 쓰는 게 그리 어렵지 않지만, 그때는 개인 시간으로 활용하는 게 흔치 않았고 나는 그런 흔치 않은 일을 했던 직원이었다. 어느 날, 탕비실에서 동료가 물었다.

이 저기, 궁금한 게 있는데요. 최 대리님은 점심때 대체 어딜 다니시는 거예요?
최 아, 저요? 산책 갑니다.
이 산책이요? 그냥 걷는 거요? 그럼 점심은요?
최 샌드위치나 김밥 먹으면서 걷죠.
이 비 오는 날에도 가시던데, 그때도요?
최 아, 적게 오면 걷고요. 많이 오면 회사 근처 카페에 갑니다.
이 카페요? 점심은요?
최 커피랑 사이드 메뉴 먹으면 충분합니다.

이후, 탕비실에서의 질의응답이 몇 차례 더 있었는데, 누구든 꼭 이런 질문을 했다.

김, 이, 박, 문, 황, 신, 안, 백 그런데요……혼자, 재밌어요? 산책?

업무 관계에서 점심시간 대화용으로 뉴스나 연예면 이야기만큼 만만한 게 없다. 하지만 나는 이런 화제에 관심도 없었고, 맛깔나게 이야기하지도 못했다. 다들

3.   어울리기   실패

한마디씩 주고받을 때, 적당히 치고 들어가는 눈치도 반박자쯤 느렸고, 농담을 농담으로 응답하는 대화 기술도 부족했다. 어떻게든 섞여 보려 시도는 해 보지만 썩 잘하진 못한, 그런 사람. 주 5일 점심시간과 한 달에 한 번 정도 있었던 회식에 꼬박꼬박 자리하면서 적당히 어울리기 위해 노력했지만, 그때마다 복잡한 심경이었다. 눈치 빠른 동료들은 대화 오류를 일으키며 난처해 하는 나를 배려했다. 어쩌면 그 배려가 때론 응원처럼 느껴져 더욱 연예면과 드라마를 찾아보고, 동료들이 공개한 개인사를 외웠던 건지도 모르겠다.

어떤 자리의 주인공까지는 아니어도, 주변인(행인1, 행인2, 기타 등등)이 되고 싶지는 않았다. 어느 누가 자신이 그렇게 되길 원할까. 그럼에도 애를 쓸수록 타고난 기질과 성격이 위장을 비틀어 댔다. 점심시간마다 얕은 체증이 생기거나 이유 모를 어지럼증을 느끼는 일이 잦아졌다. 나는 애쓰기를 그만뒀다. '재미있고 말 잘하고 제법 괜찮은 동료 되기'는 나와 어울리지 않다는 걸 인정했다. 동시에 나조차도 그걸 원하지 않는다는 걸 알았다.

처음 점심시간 산책에 나섰을 때를 기억한다. 무병장수 100세 시대를 거뜬히 살아낼 것 같은 혈색 좋은 얼굴로 "병원에 가 봐야 해서요."라는 거짓말을 하고 뒤를

힐끗힐끗 보며 빠른 걸음으로 사무실을 나왔다. 서초구청이 있는 양재역에서 예술의 전당 방향으로 걸어가며 생각했다. '결국 이렇게 됐어. 난 동료들 사이에 섞이지 못한 거야. 그깟 점심시간 스몰토크를 못해서 이렇게 되다니. 정말 싫다.' 하지만 함께 점심 먹기를 포기한 대신 혼자 산책을 시작한 후, 보름쯤 지나고부터 서서히 이런 생각이 사라졌다. 점심을 함께 먹지 않아도, 정치나 연예, 드라마 이야기를 하지 않아도 동료와의 관계는 변함없었고 업무 능률은 더 나아졌다. 혼자 있기 위해 나섰던 산책은 이제, 산책을 위한 산책이 되었다.

2024년 8월 중순, 여름 한낮의 볕이 달궈 놓은 길은 붉었다. 문득 친해지기 어려웠을 2008년의 최 대리가 떠올랐다. 점심시간에 홀연히 사라지고, 전체 회식이든 팀 회식이든 내키는 대로 빠져버리던 나를 이해해 준 동료들도 생각났다. 그때의 나는 일만 잘하면 되니 문제없다고 생각했는데, 업무 외엔 제멋대로인 나를 동료들이 배려해 준 덕에 무탈하게 직장 생활을 했단 걸 불현듯 깨달았다. 이렇게 뜨거운 볕 속에서 무방비로 무턱대고. 평소보다 좀 더 걸었다. 걷느라 열이 올라 그런지, 저 잘난 줄 알던 최 대리의 모습에 민망해서 그런지, 얼굴이 화끈거렸다. 불그스레 달아오른 얼굴을 하고서 뜨겁고도 후련한 여름을 마저 산책했다. ☺

3. 어울리기 실패

(DAY 4)

급체의 추억

✕	~~권치 갖기 실패~~
✕	~~표준으로 살기 실패~~
✕	~~억울리기 실패~~
✕	함께 먹기 실패

Weekly Failure Plnner

업무상 식사 자리에 참석했을 때, 간혹 급체를 하곤 했다. 그러고 나니 식사를 함께하는 회의에선 메뉴가 무엇이건 간에 깨작이며 먹게 됐다. 일행으로부터 "왜 이렇게 못 드세요? 혹시 어디 아프신 건 아니죠?"라는 말을 종종 들었는데, 그도 그럴 게 파스타를 몇 줄 먹었고, 샐러드 속 로메인을 몇 장 먹었는지, 밥을 몇 톨 먹었고, 콩자반 콩은 몇 알 삼켰는지 셀 수 있을 정도였다. 그릇 속 음식이 좀체 줄어들지 않으니 함께 자리한 사람들이 염려할 만했다. 그러나 급체로 길바닥 구석에 쪼그려 앉아 구토하는 일보다 배고픈 편이 백배 나았다. 그 이유에 대해 말하려면 에코백에 토했던 이야기를 해야 할 것 같다.

그날도 두 시간가량의 식사 미팅을 끝내고 돌아가는 길이었다. 지옥행 급행열차처럼 느닷없는 구토증이 미친 듯이 달려들었다. '제발, 제발, 화장실, 화장실!' 간절하다고 화장실이 나타날 리 없었다. 폭주하는 에반게리온이 되어 숨을 곳을 필사적으로 찾았다. 실외기가 모여 있는 건물 사이 좁은 틈을 비집고 들어갔다. 천 가방을 열어 노트북을 실외기 위에 올려두고 거사를 치뤘다. 꺼내기를 포기한 필기구, 메모지, 간혹 책이나 텀블러, 비상 간식 따위는 그 안에서 운명을 달리했다.

나는 토할 때 괴성이 터지는데 수차례 겪어 보니 이건 의지로 조절할 수 없었다. 입이라는 신체 기관에서 어떻게 동시에 두 가지 행위가 가능하지? 아무리 생각해도 이해되지 않지만, 나의 위장은 기어이 그걸 가능케 했다. 손으로 입을 막아 볼까도 싶었지만, 한창 토하는 중인데 입을? '어, 어, 그러면 안 돼. 그러면 큰일 나.' 아무튼, 에코백에 고개를 집어넣고 "우워어어! 어으억! 우어억!" 고라니 소리를 내는 동안 우주 먼지로 사라지고 싶은 거대한 창피가 날 덮쳤다. 눈알도 같이 빠져나온 게 아닐까 의심될 만한 압박이었다. 지나는 사람 그 누구도 내 등을 두드리거나 "괜찮아요?"라고 말해 주지 않아서 얼마나 기뻤는지 모른다. 나를 길에 박혀 있는 버스 표지판이나 가로수 정도로 여겨 주길 바랐다. 노상에서 이런 급체 증상을 세 번 경험했는데 망원동과 성산 1동 사이의 대로변, 연희동 사러가 마트 뒷길 어딘가, 서울역 방향 공항철도 홍대역 6-4 플랫폼 구석에서, 두 번의 이탈리안 코스 요리와 한 번의 한정식 18첩 상차림을 고라니 소리와 함께 날려 버렸다. 모두 식사 자리가 포함된 미팅 후, 혼자 돌아가는 길이었다.

돌이켜보면 친하지 않은 사람과 대화가 끊기는 그 시간을 견디기가 어려웠다. 왜 그랬을까? 곰곰이 생각하니 나는 대화를 내 뜻대로 다루면서도 상대에게 좋은 인상을 남기고 싶어했고, 그 가운데엔 타인과의 관계에서 우위에 서고 싶다는 욕망이 있었다. 우위에 있으려면 독선과 통제를 추구하기 마련인데 이 둘은 내가 유독 거부감을 느끼는 항목이었다. 타인과의 식사 자리에서 이 두 요소에 대해 내가 가진 거부감과 욕망의 모순이 드러났다. 둘은 섞일 수 없었고 속에선 음식을 받아내지 못했다. 갈팡질팡하며 음식을 깨작거리다가 그 정도가 심한 날엔 모든 걸 토해 냈다. 여기까지 생각이 닿자 헛웃음이 나왔다.

여전히 타인과의 식사는 낯설다. 어색하다. 그러나 '이런 사람'이라고 결론 내지 않고 '이렇지 않은 사람'으로 변해 보려는 시도를 이어가고 싶다. 독선적이고 통제적이려는, 그래서 부족한 자신감을 메꾸기 위해 타인을 아래로 보며 우월감을 느끼려 하거나 혹은 그 반대로 지나친 열등감으로 굽신거리려는 자신을 경계하는 힘을 갖고 싶다. 두 번 다시 대로변에서 가방에 토하는 일을 겪고 싶지 않기도 하고. ☺

DAY 5

지금 몇 시지?

✗	~~건강 갖기 실패~~
✗	~~표준으로 살기 실패~~
✗	~~어울리기 실패~~
✗	~~함께 먹기 실패~~
✗	숙면하기 실패

Weekly Failure Planner

사방이 고요하다. 이미 잠들어야 할 시간을 넘겼다. 그런데도 정신이 또렷하다. 잠이 올 것 같지 않은데, 그냥 일어날까? 일어나서 낮에 빌려 왔던 책이나 읽을까. 읽어 보니 재밌던데, 이 밤에 스탠드 켜고 읽으면 더 재밌을 것 같기도 하고. 야식 좀 먹으면서 읽을까? 과자 남은 거 없나? 그……맥주 마실 때 먹으려고 남겨 둔 프링글스가 있을 텐데. 아, 아니야, 안 돼. 이러면 일이 커져. 그냥 물이나 한 잔 마셔야지. 하, 그치만 물만 마시면 또 허전한데, 그냥 차를 마실까. 차 마시면서 책 읽는 거, 괜찮겠는데? 가만 있어 봐, 지금 몇 시지?

눈 감은 채로 미끄러지는 생각들.

폰은 보지 말자. 그러면 진짜 늦게 잘 거 같아. 그래, 아예 눈을 뜨지 말자. 그런데 오늘따라 왜 이렇게 잠을 못 자는 거지? 참, 내가 전기장판을 켰었나? 어, 안 켰는데 뭐야, 따뜻한데? 여태까지 내 체온으로 침대를 데우고 있었던 거야? 그나저나 계속 눈 감고 있는데도 잠이 안 와. 이대로 밤새는 거 아냐? 아니야, 조만간 잠들지도 몰라. 일단 가만히 누워 있어 보자. 그리고 절대 절대 핸드폰은 보지 않는 거야. 폰을 한번 열면 계속 뭐든 보게 될 거니까. 쇼츠고 릴스고 쓸데없는 걸 계속 보는 거라고. 그러면 결국 잘 수 있었는데 잘 수 없게 될 거고, 피곤하게 될 거고, 내일 제대로 일을 할 수 없을 거고. 아무튼! 아무튼 그냥 가만히 있어 보자.

눈꺼풀 아래 눈알이 움직이는 소리까지 들릴 것만 같은 고요함. 평소 잠들던 시간에 잠들지 못할 수도 있는데, 왜 이렇게 신경 쓰일까? 끼니를 챙겨 먹고, 적당히 잘 씻고 사는 건 일상의 만족을 가늠하는 기준이라면, 제시간에 잠들고 일어나는 건 일상에 문제를 점검하는 기준이라서. 오늘따라 잠이 안 오는데? 피곤해서 그런가? 가볍게 생각했던 날이 하루, 이틀 이어지다 눈을 뜬 채 보낸 밤이 많아지고, 그런 밤이 쌓여 거실에 가만히 앉아 아침을 맞이했던 시기가 있었다. 무탈한 일상으로 돌아온 지 수년이 지났는데도 제시간에 잠들지 않으면 당장 그때의 상태로 돌아갈 것만 같은 두려움이 들었다. 그럴 리가 없잖아 생각하면서도 마음은 철렁했다.

아니, 잠깐만. 이깟 잠이 뭔데 내가 절절매고 있는 거야? 이런 날도 있는 거잖아! 자려고 누워서 유튜브를 보느라 잠이 안 올 수도 있고, 오후에 일하느라 너무 피곤해서 오히려 잠이 안 오는 걸지도 모르잖아! 잠이 안 오면 어쩌지 하는 생각은 도움이 안 돼. 맞아, 전혀 도움이 안 돼. 그럼 뭐가 도움이 될까?

갑자기 겁이 났다. 이불 안에서 눈을 감고 몸을 데우면 충분히 흐려질 거라 믿었던 상념들이 세세해지고 선명해지기만 해서. 막연한 두려움은 확실하게 무서웠던 경험을 줄줄이 끌어들여 마음을 옴짝달싹 못 하게 만들었다.

근데 나 너무 나가는데? 며칠을 꼬박 못 잔 것도 아니고, 요 며칠 잠을 좀 설치는 건데 이렇게까지 생각한다고? 이쯤 되면 내가 잠을 방해하는 거 아냐? 걱정이 걱정을 데리고 온다고, 지금 내가 하는 짓이 그렇잖아. 그치만 눈을 감고 가만히 있으면 온갖 생각이 다 든단 말이지. 생각들마다 질문이 문어 다리처럼 주렁주렁하다고. 문어 다리 하니까 맥주 생각난다. 내일 들어오는 길에 맥주나 사 올까? 그래, 지난주에 안 마셨으니까 내일은 마셔도 괜찮겠네. 저녁때 편의점에서 하이네켄, 아, 또. 또 이렇게 맥락 없이 생각이 이어지잖아. 이거, 바로 이게 문제야. 근데 심지어 이놈의 생각이 다양하기까지 해. 졸릴 틈이 없어. 가만, 나 이거 지금 재밌어 하는 거야? 그래서 아까보다 잡생각의 범위가 이렇게나 넓어진 거냐고. 자고 싶다며. 이젠 잘 생각이 없는 거 아냐?

오른쪽 입꼬리가 실룩거렸다. 얼굴을 덮은 이불 아래

로 실없는 웃음이 났다. 잠들지 못하는 건 실은 심각한 무엇도 되지 않는다. 평소 잠들던 시간을 훌쩍 넘긴 후부터는 예전의 불행이 전부 재현될 것 같고, 다시는 안락해지지 못할 것 같지만 막상 잠들어 버리면 생각은 다 사라지고 이튿날 피로만 남을 뿐이니까. 그런데도 가끔 마주하는 불면에 오들오들 떨었다. 이것이 나의 일상을 순식간에 망칠 거라고 단정짓곤 했다.

여전히 잠이 오지 않는다. 시답잖은 생각이 연이어 동공을 지났다. 이번엔 생각이 지나가는 걸 지켜봤다. 그걸 붙잡아 되묻거나 얼른 지나가게 하기 위해 다른 생각을 끌어오지 않았다. 무정차 톨게이트를 오가는 것처럼 쉭쉭 지나가는 생각들을 물끄러미 바라봤다. 이미 눈을 감고 있는데 다시 눈이 감겼다. 고양이 눈 속 순막처럼 희고 불투명한 막이 동공을 덮었다. 매우 천천히 마지막 질문이 지나가고 있었다.

근데 정말, 지금 몇 시지? ☹

5. 숙면하기 실패

쉬운 기쁨

✕	~~견치 갖기 실패~~
✕	~~표준으로 살기 실패~~
✕	~~어울리기 실패~~
✕	~~함께 먹기 실패~~
✕	~~숙면하기 실패~~
✕	계절 감상하기 실패

Weekly Failure Planner

여름 아닌 게 없었다. 동공을 태워 버릴 듯 끓어오른 햇볕. 비대해진 제 몸을 일렁대는 짙푸른 나무. 물엿처럼 끈적하게 들러붙는 바람. 땀으로 번들거리는 얼굴에 한 가닥씩 달라붙는 잔머리. 통화 후 축축하게 젖어있던 핸드폰 액정. 배를 보이며 바닥에 드러누운 곧 죽을 매미와 이미 죽은 매미. 꿀렁거리는 아스팔트. 손 가리개로 볕을 가린 얼굴. 비키니 사진이 박힌 헬스장 홍보용 손부채. 냉장고 속 유리병에 채워 둔 미숫가루. 깍뚝 썰어 밀폐 용기에 담은 수박. 대놓고 여름인 것들부터 아니 이런 게 무슨 여름이야 할 만큼 사소하고 어이없는 것들까지. 여름이 도처에 널려 있었다. 하지만 나의 것은 아니었다. 나는 이것들이 와글와글 모여 있는 게 여름이고, 계절이고, 시간이라는 걸 서로 연결 지을 마음이 없었다. 일이 없는 시간을 쓸모없는 시간으로 여겼고 계절은 내게 그런 시간이었다.

일은 세상과 연결되고 싶어하는 바람의 표현이다. 세상과 연결되어 사회와 타인에게 쓸모 있는 일원이 되기 위한 소망. 내가 일에 매몰되어 있으면서 고립감을 느껴 결국 무엇을 하는지 확실치 않아졌던 건 일의 본질, 연결되고자 하는 마음을 잃었기 때문이었다. 그건 오로지 나를 위해 일하기 시작하면서부터였을 것이다. 나의 생활, 나의 경력, 나의 무언가를 위해서만

일을 대하면서 나의 안락에만 골몰했다. 일을 하면서 '내가 지금 뭘 하고 있는 거지?' 했다. 회의를 하면서는 '그래서 이 일이 대체 누구에게 필요하지?' 답을 기대하지 않는 물음을 가졌다. 재미는 있었지만 의미가 없었다. 그래서 자꾸 물었다. 그러거나 말거나 몸은 있어야 할 장소에 있었고 해야 할 일을 했다. 그나마 남아 있던 재미도 서서히 사라지고 말았다. 겉으로 보면 무언가를 하고 있었지만, 나는 아무것도 하지 않는 셈이었다.

나는 근거가 절실했다. 내가 생각하는 나보다 실제의 내가 좀 더 나을 거라는 근거. 그건 인맥, 실력, 이력, 계획, 만들어 낸 그림과 글로부터 구할 수 있는 게 아니었다. 일하면서 일을 끝내고, 밥을 먹고, 샤워를 하고, 어딘가로 가거나 집으로 오면서 내내 생각했다. 그리고 답을 찾았다. 바로, 감각. 이해득실, 효율성, 상품성으로부터 동떨어진 완전히 비사회적인 연결을 통한 감각. 이걸 찾을 수 있는 대상은 자연이었다. 자연과 나 사이의 동물적 감각은 살아 있다는 느낌을 주었고, 이건 더 좋은 내가 되리라는 믿음의 근거로 작용했다.

나는 이런 상상을 했다. 같은 시간 어느 길가에선 들풀이 연노랑 꽃을 피우는 장면을. 청량한 바람이 산

드러지게 불고, 나무 아래 그늘에서 버섯이 자라나고, 호수 속 어린 물고기가 제 어미를 따라 바쁘게 꼬리를 휘젓고, 덜 익은 감이 바닥으로 툭 떨어지고, 그걸 맛보려 쪼르르 날아든 박새와 참새 무리를. 신기했다. 동시간에 전혀 다른 세상이 분명히 존재한다는 사실이. 너무나 일상적이면서도 대단히 비일상적이었다. 그런 점이 내가 세상과 연결되어 있음을 지극히 느끼도록 했다.

시간의 쓸모 유무와 상관없이 여름을 지나 겨울이 됐다. 공동 현관을 열고 나서니 찬 공기가 훅 끼쳤다. 그 기운에 화들짝 놀라 돌연 멈춰 섰다. 눈이 동전처럼 커졌다. 눈망울에 살얼음이 끼는 듯했고, 콧속에 으깬 박하를 잔뜩 집어넣은 것만 같았다. 코끝부터 바삭하게 어는 느낌이 들더니 볼과 이마, 정수리, 머리 순으로 순식간에 냉기가 덮쳤다. 왼쪽 눈에서 눈물이 흘렀다. 더 나이 들면 오른쪽 눈에서도 눈물이 나겠지, 생각하니 우스웠다. 몸은 겨울에 반응했고, 나는 더욱 깊게 겨울에 스며들었다. 몹시 추웠지만 걸음이 가벼웠다. "엇 추(워), 엇 추(워)" 하면서 뛰는 듯 종종거렸는데 그 걸음이 마음을 기분 좋게 띄웠다. 고여 있는 것이 없었다. 바깥은 나를 살아 있게 했고, 나는 쉽게 생의 감각을 누렸다. 겨울과 내가 연결되고, 시간이 연결되고,

6. 계절 감상하기 실패

이렇게 세상과 내가 연결되어 있다는 사실이 기뻤다.

어쩔 수 없이 꼬박 일에 몰두해야 하는 때도 있을 것이다. 그럴 땐 이렇게 하고 싶다. 같은 시간, 어딘가에서 꽃피우고, 싹틔우는 풀을 떠올리자고. 뛰어다니는 강아지를, 날아오르는 새를 상상하고, 빛깔과 모양과 방향을 바꿔 사는 태양과 구름과 바람을 그려 보자고. 노을을 쓰면 노을이, 바다를 쓰면 바다가 가슴속에 펼쳐졌다. 일에 대한 압박감 사이로 서서히 틈이 생기고 작은 창이 열렸다. 그렇게 안으로만 향하던 고개를 밖으로 돌릴 수 있었다.

다시, 마감이 촉박한 일을 시작했다. 적어도 일주일 정도는 꼬박 외출하기 어려운 일정. 얼마나 바빠질지 가늠해 보다가 놓쳐 버린 계절들이 내게 남긴 메모를 읽었다. '우린 언제나 있지만 매일 사라지기도 해. 우릴 만나는 기쁨을 미루지 마.' 작업실 창문 밖 구름이 지나며 말했다. '기쁨은 쉽게 얻을 수 있어.' 창을 여니 바람이 말했다. '시간이 흐르고 있어. 그러니까 순간을 소중히.' 계절이 꾸준히 이야기한다. 내가 어떤 상황에서 어떤 상태가 되더라도 우리는 여기에 있고, 언제나 기쁨을 누릴 수 있다고. 수시로 우리를 보라고. ☺

6. 계절 감상하기   실패

철덜드 사람
ㄹ ㄹ ㄷ ㅁ

✕	~~견차 갖기 실패~~
✕	~~표준으로 살기 실패~~
✕	~~어울리기 실패~~
✕	~~함께 먹기 실패~~
✕	~~숙면하기 실패~~
✕	~~계절 감상하기 실패~~
✕	헌혈하기 실패

Weekly Failure Planner

살짝 취한 사람 같은 5월 초. 발바닥이 뜬 채 걷게 되는 달. 그 안에 있으니 말투와 숨소리에 얕은 취기가 어렸다. 그런 상태로 오전 10시쯤, 드로잉 도구를 사기 위해 홍대 화방에 들렀다. 넓은 화방에 창문 하나 없었는데도 마치 거대한 통창을 열어 둔 것처럼 달고 신선한 공기가 가득했다. 화방 안의 사람들도 꽃잎이 폴폴 나는 것처럼 어딘가 들떠 보였다. '아, 참, 나 뭐 사러 왔더라?' 메모지를 꺼내 보고 사야 할 물건이 진열된 매대 앞에 섰다. 오일바 3개, 오일 파스텔 7개, 폭 2cm 종이테이프, 평량 220g/㎡ A5 스케치북 = 99,000원. 그나마 신학기 세일 품목이 있어서 할인된 가격이었다. 평소였다면 일주일치 장보기 비용과 그간 못 했던 유흥(카페, 맥주, 전시 관람)의 값을 떠올리며 뜨악한 기분이었겠지만, 봄이었다. 봄의 취기가 오른 상태에서 카드 긁기란 쾌락이었다. 묵직한 가방을 왼쪽 어깨에 메고 화방을 나서는데 도저히 집으로 돌아갈 기분이 아니었다. 드나드는 사람들을 피해 화방 출입구 구석에 서서 어디로 갈지 고민했다. 은근하게 데워진 연노란 봄볕이 나의 정면을 부드럽게 어루만졌다. 봄이 닿은 곳마다 얕은 꿀 내음이 피었다. 숨쉴수록 더 취기가 올라 가만히 있을 수가 없었다.

'피 뽑으러 가야겠다.'

7.　　　헌혈하기　실패

뜬금없이 피를 뽑아야겠다는 생각을 했다. 헌혈이라는 얌전한 말도 있지만 그보단 피 뽑기. 봄과 화방과 헌혈이 어떤 관계가 있는 걸까? 나의 모든 부분이 말랑말랑해지는 순간을 오래 이어가고 싶다는 바람에 헌혈도 포함이라니, 신선했다. 혼자 만드는 즐거움에서 누군가에게 도움이 되는 사람이라는 즐거움까지 더하고 싶었나 보다.

헌혈 센터에서 전자 문진을 하고 번호표를 뽑았다. 문진실은 두 곳이었다. 내 대기 번호는 12번, 전광판에는 10번과 11번. 금세 전광판에 12번이 떴다. "피검사에서 철분 12.0이 나왔어요. 전혈은 어렵지만, 혈장은 가능하세요. 그래도 지난번엔 겨우 본인이 쓸 정도의 철분이었는데 이번엔 나눌 수 있게 되셨네요." 1인분의 철분을 겨우 넘겨 헌혈 침대에 누울 수 있게 됐다. 헌혈 바늘 꽂을 곳을 찾던 그녀는 깊게 묻힌 편인 데다 얇은 내 혈관 때문에 난처해 했다. 그나마 혈관이 보였던 오른쪽 팔에 바늘을 꽂았는데 이내 부어올라 바늘을 뽑았다. "방금 꽂았던 부분의 바로 옆쪽 혈관이 잡히긴 했는데, 지혈이 어렵네요. 왼쪽을 한번 볼게요." 그녀는 나의 왼쪽 손목을 살짝 쥐고서 가늘게 눈을 뜨며 팔뚝을 여러 차례 짚어 보더니 우뚝 멈추곤 바늘을 꽂았다. "아, 됐다." 숨소리에 묻힌 아주 작은 목소리. "혈장은 보통 40분 정도 걸려요. 그런데 혈관이 좁은 편이라 진행 속도를 좀 낮춰서 잡아 뒀어요. 이렇게 해도 진행이 잘 안 되면 기계음이 들릴 텐데요, 저희가 보면 되니까 편하게 누워 계시면 됩니다." 왼쪽 팔에서 뽑힌 피가 반투명한 긴 관을 따라 혈장 분리 기계로 들어갔다. 기계를 거친 검붉은 핏줄기는 연노랑으로 변해 파우치 안으로 방울방울 떨어졌다. 떨어지는 방울을 하나, 둘, 세다가 핸드폰을 켰다. 그런데 서서히 뇌와 머리뼈 사이가 멀어지는 것 같더니 뇌가 빙글 도는 느낌으로 이어졌다. 순간 멀미와 구토증이 확 들이닥쳤다. 눈꺼풀이 자꾸만 감겼다. 주위를 살펴보니 헌혈 중인 사람 세 명, 데스크 1명, 문진실 1명, 헌혈 침대 사이 1명. 나는 오른쪽 팔을 들어 간호사를 불렀다. "선생님, 저 토할 것 같아요." 의지와 상관없이 고개가 옆으로 기울어지고 눈이 감겼다. 아직 다 뽑지도 않았는데. 파우치를 다 채우지 못했으니까 저건 쓰기 어렵겠지. 아깝다, 내 피.

"눈 뜨세요. 눈!" 그녀는 어렵게 꽂은 바늘을 뽑고, 머리를 다리보다 낮춰 누울 수 있게 침대를 조정해 줬다. 구토용 봉투를 내 손에 쥐어 주고, 담요 두 장을 다리와 헌혈한 왼팔에 얹었다. "아주 드물게 이럴 수 있어요. 헌혈 자체로 그런 건 아니고, 긴장을 많이 하셨던 것 같네요." 그녀는 재빠른 처치와 달리 느긋하고 차분하게 말했다. 파우치를 채우지 못한 혈장은 폐기되는 거냐고 물었다. 그러자 그녀는 살짝 웃는 얼굴로 받은 만큼 전부 쓸 수 있다고 답했다. 나는 반가웠고 안심했다.

평화롭던 헌혈 센터에서 하얗게 질려 토할 것 같다고 외쳐 댄 내 모습이 재생됐다. 한숨과 웃음이 동시에 났다. 창피했다. 민망함에 짓눌려 몰래 도망가고 싶던 찰나, 네 번째 혈압을 확인하니 정상 범위(세 번째까지 85/50mmHg 내외)를 보였다. 사면되는 수감자의 심정이 이럴까. 혈압기를 정리하는 간호사를 뒤로하고 침대에서 내려오며 다급하게 외투를 입으려는데 그녀가 다가왔다. "회복실에서 15분 정도 더 있다가 가셔야 할 것 같은데요." 나는 더 이상 여기에 있을 면이 없었다. 더 있다간 그나마 남아 있던 혈관도 모조리 쪼그라들어 말라 버릴 것만 같았다. 근처에 약속이 있어서 얼른 가 봐야 한다고 말했다. 그녀는 살짝 난감한 표정을 짓더니 종이봉투를 건넸다. 그 안엔 헌혈증, 기념품(편의점 상품권 5천 원), 초코파이 2개, 생수 1병, 진통 소염 연고가 들어 있었다. 여기 와서 제대로 한 게 없는데 이렇게 받을 순 없었다. "아, 저, 이거 안 주셔도 돼요. 다 하지도 못했는데, 어떻게 받아요." 종이봉투를 요리조리 피하는 나에게 그녀가 말했다. "저희는 드려야 해요. 받으세요." 단호했다. 거절이 끼어들 틈 없는 그 단호함에 다시금 신뢰가 솟았다. 그녀와 대화할 시간이 길었다면 온갖 고민과 앞으로의 결심 따위를 두서없이 마구 털어놓을 것만 같았다. 왠지 그럴싸한 해결 방법을 두어 개는 알고 있거나 없다 해도 어떻게든 방법을 찾을 거라는 희망을 기대하게 되는 그런 밑도 끝도 없는 믿음 때문에.

집으로 돌아와 가방을 거꾸로 잡고 테이블 위로 내용물을 부었다. 봄의 취기와 창피함이 동시에 와르르 쏟아졌다. 스케치북과 오일 파스텔과 종이테이프, 초코파이와 생수와 연고, 헌혈증을 보면서 한숨인 듯 탄식인 듯 짧은 웃음이 툭툭 나왔다. 누군가에게 내가 필요한 인간임을 느낀다면 완벽한 봄이 될 것 같아 무턱대고 피를 뽑자며 나섰는데, 돌봄만 잔뜩 받았던 장면이 다시 떠올랐다. 누군가를 필요로 한 인간은 누구보다 나였다는 걸 확실하게 경험했다.

간호사는 내가 누워 있는 게 눈치 보일 즈음이면 자연스레 다가와 이유를 말해 줬다. 음료수를 마셔야 할 이유, 담요를 덮어야 할 이유, 혈압을 확인해야 할 이유, 구토증이 일어나는 이유에 대해 때마다 적당한 길이와 속도와 어조로 조곤조곤. 헌혈자로 입장해서 20분 만에 대차게 피 뽑기에 실패했지만 그녀의 세심하고 부지런한 말과 행동이 나의 부끄러운 마음을 다독였다. 누구나 그렇게 할 수는 없다. 적당한 지점은 감각이 판단하는 영역이라 행동뿐만 아니라 마음까지 단련된 사람만이 잡아낼 수 있다. 그런 사람을 만났고 기뻤다. 헌혈에 보란 듯이(딱히 누구에게 자랑하려고 하는 일은 아니지만) 성공했다면 더 괜찮은 날이었을 수도 있겠지만 그러지 않았으니 잘 모르겠다. 하지만 계획대로 되지 않아서 누군가를 만난, 그래서 어쩌면 완벽한 하루였던 것 같다. ☺

7. 헌혈하기 실패

Week 2
기대도 두려움도 없이

DAY 8

파운드케이크

✕	현명한 사람 되기 실패

Weekly Failure Planner

우울한 기분이 들면 요리를 만들기로 했다. 그래서 자책하거나 울거나 세상 탓을 하는 대신 콩나물무침을 만들었다. 아니, 거짓말이다. 우울함에 대한 대처법으로 요리 대신 파운드케이크 400g을 선택했다. 말도 안 되는 원망을 쏟아 내며 케이크 박스를 통째로 꺼내 포장 비닐을 벗기고 포크로 마구 부수며 아무렇게나 먹었다. 폐식용유에 모래 가루와 설탕을 덩어리로 뭉쳐 만든 것 같은 식감. 어제까지만 해도 맛있다, 잘 샀다 흥얼거리며 50g씩 소분해서 먹었던 케이크가 하루아침에 기분 나쁘게 버석거리는 맛으로 바뀐 건 오로지 나의 기분 때문이었다. 우울함은 음식 맛도 해친다. 은은히 번지는 단맛과 풍성한 고소함이 매력적인 이 디저트가 끈적거리는 식감에 찝찝한 단맛으로 변했다. 냉장고 야채칸 속 콩나물 봉지를 못 본 체하고 굳이 구석에 있던 파운드케이크 통을 끄집어냈을 때부터 이미 그렇게 됐다.

요리를 했더라면 콩나물을 씻고 다듬고 간을 하는 동안 아무 생각도 하지 않았을 것이다. 오로지 몸을 움직이는 데 몰입했을 테고, 액젓과 참기름을 넣어 가며 간이 맞는지 신경 쓰는 데 집중했을 것이다. 그렇게 만든 콩나물무침을 꺼내 밥을 먹을 때면 며칠 동안은 잔잔한 만족감과 뿌듯함을 느꼈을 텐데. 닻처럼

8. 현명한 사람 되기 실패

마음이 가라앉을 때 요리를 하자는 다짐을 한 지 3일 만에 호기로운 나의 다짐은 보기 좋게 나가떨어졌다. 나는 전혀 도움이 되지 않는 '고양이 꼬리로 보는 고양이의 기분' 따위의 유튜브를 보면서 파운드케이크를 우걱우걱 먹었다. 입 주변에 케이크 가루를 묻힌 채 테이블에 떨어진 부스러기를 게걸스레 주워먹다가 '이제 울겠네.'라는 생각에 이르자 결국 울었다. '자, 여러분. 여기 고양이 꼬리를 좀 보세요. 기분이 좋을 때 고양이는 이렇게 꼬리를 바짝 세웁니다. 정말 행복할 땐 파르르 떨기도 하죠.' 우느라 흐릿해진 자막을 보면서 퍽퍽한 케이크를 입에 욱여넣는 모습이 새삼스럽지 않았다. 다시 말하지만, 울적한 기분에게 주도권을 내어 주기로 한 순간부터 볼썽사나운 꼴이 되리란 걸 충분히 예상했다. 그런데도 내버려뒀다. 그러니 한심스러울 수밖에. 우울함에 한심함까지 범벅이 된 채로 생각했다. '우울한 기분이 나를 어떻게 만드는지 보고 싶지 않고서야 어느 하나 나한테 좋을 게 없는 선택을 할 리가 없어.'라고.

우울함이 어느 정도 지나가고서 또다시 생각했다. '왜 그런 선택을 했을까? 심지어 무엇이 나에게 더 좋은 선택이고, 어떤 기분을 만들지 뻔히 알면서 왜 그랬을까. 나는 스스로를 괴롭히고 싶어하는 사람일까. 그렇다면 왜 괴롭히고 싶어할까. 자기를 괴롭혀서 얻는 게 대체 무얼까? 괴로움과 쾌감이 어쩌면 쌍둥이처럼 같은 태생이 아닐까. 그래서 괴로워하면서도 사실은 행복과 비슷한 느낌을 얻는 건 아닐까?' 파운드케이크에 뿌려진 슈가 파우더처럼 질문이 쏟아졌다.

가슴팍에 떨어진 케이크 가루를 털어내며 중얼댔다. 콩나물무침이나 만들 걸. 이딴 걸 먹어서 좋을 게 뭐 있다고. 하지만 이런 생각은 파운드케이크를 400g이나 먹어치웠기 때문에 할 수 있었다. 걸신스레 삼키며 우는 동안 원초적인 쾌감이 채워지고, 우울감에서 벗어날 정도의 아주 작은 만족감을 느꼈다. 모든 일에는 여러 가지 이면이 있는데, 엉망진창 속에서도 일말의 즐거움을 건질 수 있다니 기괴하고 신기했다. 괴로움이 지나면 평온이 오고, 평온이 지나면 괴로움이 온다던가. 인생은 고락의 윤회이고, 결국 인생 그 자체는 고(苦)라는 불교 철학이 떠올랐다. 철학까지 운운할 정도인 걸 보니 마음은 이미 회복되고 있었다. 갑자기 먹어댄 음식으로 더부룩한 느낌은 기분을 더욱 나쁘게 했는데, 이런 불쾌함이 몸에서도 우울함이 떨어져 나가고 있다는 걸 알렸다. 우울과 파운드케이크만 존재했던 시간에 쾌감, 만족, 불쾌, 한심, 철학 같은 다채로운 생각과 느낌이 비집고 들어왔다. 비틀렸던 마음이 제 모습으로 돌아오고 있었다.

정답이라고 믿었던 선택도 돌아보면 오답일 때가 많다. 그러나 이것도 확신할 수 없다. 한심한 선택도 결국 해 봤으니 한심하다는 걸 깨닫는다. 모든 걸 다 해 보고 후회하는 건 별로이지만, 그렇다고 후회할 일을 전부 피할 수도 없다면. 이미 오답을 선택한 후라면. 여기서 뭐라도 얻어내는 수밖에.

삶은 예상할 수 없는 일로 잔뜩이었다. 심지어 간혹 어떤 결과가 올지 대충 알면서도 어리석은 선택을 하는 일도 많았다. 하지만 삶이 예상할 수 없는 일로 가득하기 때문에, 어리석은 선택이 계속 이어지지 않을 수 있다는 사실 역시 믿게 된다. 내가 정한 기준을 지키지 못했다고 내내 패배감을 느낄 이유가 뭔가. 기준이란 이리저리 펄럭거리는 깃대 같은 건데. 우울이 자연재해와 같아서 겪을 수밖에 없다면 허우적대는 시간을 단축시켜 보자고 자신을 설득했다. 다음번 우울이 번뜩 덮쳐 오면 전혀 도움되지 않는 케이크를 선택하는 실패를 다시 반복할 지도 모르지만, 그 횟수를 줄이려는 노력은 해 볼 만하니까. 물론, 콩나물무침을 하는 게 훨씬 낫겠지만. ☺

8. 현명한 사람 되기 실패

(DAY 9)

케찹이 되고 싶어
밥   표

✗	현명한 사람 되기 실패
✗	목표 찾기 실패

Weekly Failure Planner

2008년 10월부터 블로그에 한 컷으로 된 그림을 연재했다. 몇 년 동안 꾸준히 그린 그림들은 알맞은 기획을 만나고 글이 더해져 출간됐었다. 처음부터 출판을 목표로 그린 그림이 아니었기 때문에 출판 시장에 들어오면서 나는 '작가 비슷한 일을 하는 사람'이라는 아리송한 정체성을 가졌다. 그림과 글을 모아 책을 선보였지만 작가라고 정의하기엔 스스로 의심스러운 구석이 있었고, 그 점이 나를 위축되게 만들었다. 기분만이 아니라 실제 몸짓도 그래서 '작가'라는 말을 들을 때마다 어깨가 움츠러들거나 귀가 간지러웠다. 일을 하는 데엔 문제가 없었다. 다만 내 마음이 불편했다. 치아 사이에 꽉 끼인 고등어 갈비뼈처럼 책 쓰는 일과 마음 사이에 이물이 박혀 있었다. 작가이긴 작가인데, 뭘 그리고 싶은지, 어떤 이야기를 하고 싶은지 불분명한 작가. 책을 만드는 이유에 대해 물어보면 뭐라고 답은 하겠지만 임기응변인 것만 같은 작가. 누가 나를 어떻게 보느냐와 상관없이 내가 나를 바라보는 시선이 그랬다. 그러니 나는 찾아야 했다. 어떤 그림을 그리고, 무슨 글을 쓰고 싶어하는지를.

직업으로서의 작가가 되고부터 그에 맞는 정체성이 필요했다. 그게 작가로서 만들어 낼 것들에 대한 책임이자 나아갈 방향을 잡아 줄 거라고 생각했다. 정체성이라는 게 가변적인 성질의 것이라 지금도 수시로 달라지고 있지만, 그때는 판단할 만한 정체성 자체가 없었다. 그런 이유로 발이 닿지 않은 땅 위를 걷는 느낌과 작은 자극에도 이리저리 떠도는 듯한 정처 없음을 내내 느꼈다. 잠든 시간을 제외하고는 답을 찾으려 했다. 실종된 사람을 찾아야만 임무가 끝나는 인명 구조견처럼 온갖 것에 코를 갖다 대고 냄새를 맡으며, 없었기 때문에 더욱 갖고 싶었던 창작의 목표를 찾아다녔다. 간절한 마음에 무작정 뭔가를 찾으려 했으니 막막한 건 당연한데, 이 막막함이 그림과 글 앞을 막아섰다. 그러나 난감한 건 난감한 거고, 그것 때문에 날 괴롭히진 않았다. 어차피 오래 할 일이니 언젠간 찾겠지, 끝내 찾을 수 없다면 대충 만들지 뭐, 했다. 진중하면서도 가볍게 대했다. 그래야 지치지 않으니까.

신사동 서브웨이에서 Y와 점심을 먹었다. Y에게 너의 황금 같은 점심시간에 사춘기 때도 하지 않았던 정체성 고민을 털어놓는 건 미안하지만 점심 비용을 지불할 테니 퉁치고 내 얘기를 들어달라고 요구했다. Y는 쉬림프 샌드위치를 우물우물 씹어 삼키고서 말했다.

"그렇다면 이젠 작정하고 사적인 얘기를 해 보는 건 어때? 아는 걸 그리지 말고 겪은 걸 그려 보는 거. 아니면 글로 써도 좋구. 어차피 둘 다 할 수 있잖아?"

남의 개인사를 누가 읽겠냐고 말하는 내게 Y는 답했다.

"있지, 내 일기는 보여 주기 싫지만 남의 일기는 훔쳐보고 싶거든. 재미도 재미지만, 대리 만족이란 게 있다고. 네가 겪은 일들을 써 봐. 특히 사건 사고 같은 거. 작가의 경험이란 건 공공재 같은 거잖아. 아끼지 말고 네 걸 좀 꺼내 써."

나는 참치 샌드위치를 베어먹다 쟁반에 떨어진 참치를 티슈로 닦으며 말했다.

"근데 그건 어떤 소재에 관한 이야기잖아? 나는 소재가 아니라 더 넓은 부분, 그러니까, 약자를 위한 글이라던지, 우울한 사람들을 위한 그림이라던지, 좀 더 상위의 개념이 고민돼. 뭐랄까……내가 만드는 것들의 쓰임이 어떤 종류의 것인지 알고 싶은 거야. 이걸 찾아야 다음 작업을 할 수 있어. 아무튼, 그래."

Y는 물티슈를 꺼내 슥슥 손가락을 닦고 콜라를 한 모금 마시더니 천천히 입을 열었다. 평소 내가 말하는 속도에 비해 1.5배속 정도로 말하는 편인 Y는 자기 의견을 관철시키고 싶을 때 말의 속도를 0.8배속쯤으로 늦춘다. 상

대가 두 번 묻지 않도록 하기 위해서(라고 Y가 설명했지만 자기가 무슨 말을 하는지 알기 위해서인 것 같다.).

"이번 책 <검은 감정>을 읽은 사람들은 이런 생각을 했을 것 같아. 이건 내 감상이기도 한데, 작가 이야기가 들어가면 좋겠다는 생각. 난 네가 그전의 책들과는 확실히 다른 시도를 한 거라고 보거든? 근데 네 책을 봐 온 독자들도 그랬을 거야. 그래서 정보, 지식 말고 이야기를 더 원할 것 같아. 이건 너도 그럴걸? 아냐?"

나는 Y의 말에 끄덕이면서 이해하는 척했지만, 알 듯 말 듯해서 더 복잡해졌다. Y가 웨지 감자를 ❸케챱에 푹 찍었다. 감자에 묵직하게 묻어나는 붉고 찰진 케챱. 순간 카메라 3배 줌을 한 것처럼 케챱이 시선에 훅 들어왔다. 버젓이 눈앞에 있던 무언가가 갑자기 새롭게 보일 때 이렇게 말한다. "어? 이게 언제부터 여기 있었지?" 테이블 위에 샌드위치와 웨지 감자, 커피와 콜라는 알고 있었는데 케챱이 있는 줄은 몰랐다. 이미 두 개를 뜯어 웨지 감자에 잘도 찍어 먹었으면서 찍어 먹는지조차 인식하지 않은 채 먹었다. 케챱은 더 이상 내

---

❸ '케챱'의 규범 표기는 '케첩'이나, 단어의 맛을 살리고자 '케챱'으로 표기함.

가 알던 케첩이 아닌 새로운 존재로 보였다. 인식을 건너뛴 재인식. 케첩의 발견은 이 소스의 재정의를 요구했다.

웨지 감자와 함께 Y의 입속으로 들어가기 전, 케첩이 말했다.

"❶이것 봐, 나를 한번 쳐다봐, 내가 너의 답이라고 말해 봐."

어이, 케첩! 그게 무슨 뜻이야? 되묻고 싶었지만 '쏙' 하고 Y의 입속으로 사라졌다. 오물거리는 Y의 입술을 본 뒤, 쟁반에 깔린 종이 위 케첩을 보며 이야기했다.

"니가 방금 먹은 케첩이 내 정체성의 답인 것 같아."
"나 황금 같은 점심시간 쓰는 중이니까 헛소리하지 말자."
"진짜야. 그런 확신이 들어. 우리 케첩에 대해 15분만 떠들어 보자."

Y와 나는 서비스로 딸려 온 1회용 케첩을 하나 더 찢

---
❶ 1998년 데뷔한 걸 그룹 핑클의 노래 <내 남자 친구에게> 가사 중 일부.

어서 웨지 감자 옆에 쭈욱 짰다. 옅게 올라오는 케찹 향. 웨지 감자를 푹푹 찍어 먹으며 말했다. "케찹은 절대 주연이 아니야. 근데 봐봐, 감튀에 케찹 없으면 어떡해?" "오우, 야, 그건 말도 안 돼. 먹을 순 있지만 용납할 수 없지." "핫도그는? 설탕은 없어도 되지만 케찹 없으면?" 서로 어이없는 표정을 지으며 "그런 핫도그는 안 먹고 만다! 그리고 어떤 핫도그 집에 케찹이 없어? 말이 돼?" 하다가 킥킥대며 왠지 모를 흥분으로 머리가 뜨거워졌다. 쟁반 종이 위에 짠 케찹을 웨지 감자로 삭삭 닦아 먹으며 우리는 케찹의 중요성을 깨달았다. 없는 듯 있으면서 효용은 확실한, 무대 중앙에 서지 않으면서도 무대가 돌아가게 만드는 존재.

'케찹이 되고 싶어!'

소스를 좋아하지 않는 편이지만 케찹은 아니었다. 푹푹은 아니어도 콕콕 정도는 찍어 먹었다. 간혹 뭔가를 찍어 먹을 소스를 구입한다면 그건 케찹이었다. 확실하게 자기를 드러내면서도 요란하지 않은, 그래서 유일하게 손이 가는 소스. 노르스름한 튀김에 붉게 묻어 식욕을 자극하고 토마토, 식초, 설탕, 소금이 알맞게 뒤섞인 산뜻함으로 맛의 균형을 극강으로 끌어올리는 소스. 상큼하고 깔끔한 자기만의 독보적인 맛을 가졌으면서도 세상 제일 맛있는 척 거만하지 않은 소스. 청양 마요 나 스리라차처럼 유행을 선도하는 소스가 나타나도 그것들을 흉내내지 않고 일말의 흔들림 없이 자기 길을 갔으며, 마요네즈처럼 강력한 맞수가 있지만 헐뜯지 않고 존중하면서도 때론 흔쾌히 뒤섞여 새로운 맛을 창조해 내는 데 주저함이 없는 존재, 바로 케첩.

이거다! 케첩 같은 그림, 케첩 같은 글. 내가 구하려던 그림과 글의 목표. 밋밋한 맛에 자기를 살짝 얹어 맛을 더하는 존재. 없어도 그만이지만, 있으면 어디에나 얹어 먹고, 찍어 먹고, 섞어 먹고 싶은 존재. 유행을 타지 않고 누구에게나 기대한 맛을 선사하면서도 지겨워지지 않고 오히려 찾게 되는 존재. 그런 케첩 같은 무언가를 만들고 싶어졌다.

케첩이 되고 싶다고 결정한 이후로 내가 만든 게 그런 것인지 당장은 모르겠다. 이 책에 담은 글이 과연 내가 생각한 맛을 내고 있을까? 확신할 순 없지만, 맛깔난 케첩이 되어 가는 과정이라고 믿는다. 쉽게 무시되고, 잊히고, 있어도 있는 줄 몰랐던 이야기에 푹 찍어 먹었을 때 '아, 이 맛이야.' 하는 소스가 되길 바라는 마음으로. ☺

(DAY 10)

태우지 못한 기억

✗	~~현명한 사람 되기 실패~~
✗	~~목표 찾기 실패~~
✗	망각하기 실패

Weekly Failure Planner

인생의 어떤 부분은 잊고 싶은 시간과 잊어버린 시간으로 구성되어 있다. 간혹 잊고 싶었지만 그러지 못해 맞닥뜨린 기억은 신발에 붙은 껌처럼 성가셨다. 잊으려 마음먹으면 얼마든지 잊을 수 있을 것 같았다. 특별한 기술이 필요한 것도 아니고, 누구 눈치를 보거나 허락을 구해야 하는 일도 아니니 뭐가 어려울까 해서. 하지만 그럼에도 연거푸 잊기에 실패했고 잊으려 했던 기억은 더욱 선명해졌다.

망각은 일종의 열망이다. 이뤄지지 않는 열망을 품는 것만으로도 지칠 때가 왕왕 있었는데 때마다 끙끙거리다 보니 컨디션이 나빠졌고, 나빠진 컨디션은 이성을 갉아먹었고, 마음은 굶주린 동물처럼 자주 사납곤 했다. '절대 잊지 않을 거야.'라고 다짐했던 기억은 대부분 좋은 기억일 리 없었다. 그 기억을 활활 태우며 한때 생의 활력처럼 쓰고 있는 줄 알았지만 그건 착각이었다. 그만한 열정을 다른 곳에서 찾지 못했거나 스스로 만들어 내지 못해서 대체한 것이 분노와 복수심이었고, 시작점은 언제나 결핍된 구멍에 고여 있던 나의 상처였다. 쓰기만으로도 기운이 빠지는 말들. 이런 이유로 그때는 붙들었지만 이제와 완전히 잊기를 소망하는 기억이 제법 있었다.

나는 망각의 일을 방해했다. 흐려지는 기억을 억지로 붙잡았다. 기억한다는 사실조차 싫은 기억이지만 나마저 잊어버리면 기억에 함께 있는 누군가가 용서받고 편해질 것 같다는 생각에 분했다. 기억은 순간의 해석이다. 순간이 지나가면 그 장면에 담긴 사람, 장소, 대화, 물건, 모든 게 당시의 것이 아니게 된다. 내가 잊지 않으려고 붙잡았던 기억도 이미 수없이 많은 변이를 일으켰고 따지고 보면 기억대로 되갚는 일은 불가능했다. 나는 왜곡된 기억을 사실로 믿었고 이는 내게만 보이는 기억의 유령이 됐다. 무서워하면서도 유령이 나타날 만한 곳을 일부러 찾아다녔다. 무엇을 보았고, 어떤 말을 들었는지 여전히 기억하고 있다는 걸 보여 주기 위해서.

망각은 잊어야 할 기억, 잊고 싶은 기억, 있는지도 몰랐던 기억을 태우기 좋게 쪼개어 땔감으로 모아 뒀다. 망각과 나는 판판한 자리에 나란히 앉아 매일 밤 불을 붙였다. 모닥불이 붙자 나무 타는 냄새가 우리를 감쌌다. 타고 있던 장작이 퍼석 소리를 내며 바스라지면 망각은 다음 장작을 골라 모닥불 안으로 스윽 밀어넣었고, 긴 쇠꼬챙이로 다 탄 것과 이제 막 타는 것들 사이를 슬슬 뒤적였다. 망각과 나는 모닥불 주위에 앉아 잡담을 나누며 타닥타닥 기분 좋게 사라져 가는 기억을 구경했다. 망각에게도 다루기 어려운 땔감이 있었는데, 오래 물을 머금어 단번에 불이 붙지 않고 고약한 냄새를 풍기는 고목이 그랬다. 다급한 마음에 섣불리 태우려 했다가 피식피식 물 타는 소리와 매캐한 연기를 뿜는 고목 탓에 모닥불까지 꺼뜨리고야 말았던 적이 많았다.

제때 잊히지 못한 기억들은 끈끈이 테이프처럼 온갖 이물을 붙여 왔다. 정곡에 박힌 말과 장면 주변으로 잡념이 덕지덕지 붙었다. 엉겨붙은 생각은 결핍이 나의 전부일 거라고, 성격의 모난 부분도 다 그 때문이라고, 함부로 곡해하고 판단하고 믿어 버리게 했다. 설마, 그럴 리가, 그렇게 별로인 인간은 아니라고 생각해 보지만 머릿속 논리는 이미 뒤틀려 있었다. 이 과정에서 느끼는 모든 불쾌, 불안, 괴로움은 기분을 벗어나 마치 나의 생각을 사실처럼 여기게 만들었다. 그간 얼마나 오래, 자주 이런 오류에 빠져 스스로를 괴롭혔을까.

잊지 못한 기억이 다시, 등장했다. 지겨움도 지겨워질 만큼 반추된 장면에서 '아, 거기 그 사람이 있었던가? 없었던가? 내가 이런 말을 들었나, 아닌가? 잠깐, 지금 뭔가 흐릿해진 것 같은데 설마, 기억나지 않는 거야?' 나는 잠시 어색했다. 뾰족한 무언가가 뭉툭해진 것 같아 낯설었다. 낯선 생각이 착각인 건 아닐까 염려됐지만 확인하고 싶었다. 제대로 보지 못했던 장면을 똑바로 바라볼 정도의 크게 두렵지 않은 느낌. 드디어 망각이 내내 잊지 못했던 기억 하나를 땔감으로 태우기 시작했다. 나를 짓누르던 축축하고 퀴퀴한 고목 덩이가 타오르는 속도에 맞춰 열락과 해방감이 찾아왔다. 느리게 번지는 반가움으로 오늘밤엔 망각과 함께 가장 아끼는 맥주를 마시며 노래 불러야지. 잊지 못해 괴로웠던 기억이 벌겋게 타오르며 불 속에서 사라지는 모습을 가만히 지켜봐야지. 이미 사라져야 할 것들이 이제야 사라진 망각의 밤을 기념해야겠다. ☺

10. 망각하기 실패

DAY 11

통화하기 싫어요

✗	현명한 사람 되기 실패
✗	목표 찾기 실패
✗	망각하기 실패
✗	긴장하지 않기 실패

Weekly Failure Planner

인스타그램보다 스레드를 쓴다. 스레드는 글자 기반 매체라 온갖 잡담이 와글와글 모여 있는데, 온 동네 사람들이 다 모여 저마다 조잘조잘 떠드는 거대한 재래시장 같다. 오늘도 일어나자마자 스레드 오픈. 집중력 좋은 이른 새벽 시간에 스마트폰 하지 말라지만 에라, 모르겠다. 재밌는 걸 어떡해. 킥킥거리며 잡담을 읽다가 스친 단어 하나, '콜포비아'. 특정 통화에 긴장감을 갖고 있는 나라서 여운이 길었다. 불현듯 다른 사람들의 콜포비아는 어떤지 궁금해서 후다닥 질문을 남겼다.

> Q. 스친들 중에 통화하는 거 어려워하는 콜포비아 있음? 나는 특정(업무X) 분야에서 전화받고 거는 걸 어려워해. 벨 소리 들리면 심장이 덜컹! 심지어 문자 하는 것도 긴장돼서 며칠 미룰 때도 있어. 잘못한 것도 없는데 특정 관계에서는 그렇더라고. 스친들은 어때?

새벽 4시 30분에 남긴 질문, 그런데 바로 댓글이 달렸다. 댓글을 읽는 동안 댓글이 달리고, 답글을 쓰는데도 댓글이 달렸다. '콜포비아' 단어 알람이라도 다들 걸어 둔 걸까? 어떻게 이렇게 빨리 댓글을 달 수 있지? 아무튼 대부분의 댓글은 통화의 무시무시함에 대해 외치고 있었다. 그럼, 각종 고백들을 살펴보자.

11. 긴장하지 않기 실패

- 벨 소리가 들릴 때 깜짝 놀람.
- 평소 스마트폰 무음으로 설정.
- 전화가 오면 심장이 뛰고 손바닥에 땀이 남.
- 심호흡하고 통화 버튼 누름.
- 신호음이 가는 동안 침 삼키다가 사레들림.
- 신호음이 가는 동안 눈을 질끈 감거나 깜빡임.
- 통화 연결되자마자 첫 마디에 염소 소리 발사.
- 통화 연결 불발 시 안도함.
- 통화 내용의 예상 대본을 적어 놓고 연습.
- 상대의 번호를 띄운 채 통화 버튼을 누르지 못해 미룸.
- 전화로 음식 주문하는 일이 힘들어서 주문 포기.(배달앱 만세)

"폰이 절 잡아먹을 것 같아서 무서워요."란 말을 하기에는 의지박약으로 보일 것 같아 억눌렀던 서러움이 댓글로 터져 나왔다. 통화가 바선생(바퀴)만큼 싫었던 우리들은 댓글과 대댓글을 이어가며 서로의 고통을 핥았고, 통곡의 강을 헤엄치는 동안 자장가 같은 아우성을 읽으며 요람에 있는 듯 안락함을 느꼈다. "아니 그렇게 나약한 정신 상태로 이 험한 세상을 어찌 살아가려고 그래?"라는 말이 없는 청정 구역. 서로가 서로를 마음껏 우쭈쭈 해 줄 수 있는 무해한 구역. 그 안에서 그간 쌓아 뒀던 두려움을 댓글로 쏟아 내며 혼자만 그런 게 아니었음에 안도하는 동안 콜포비아로 대동단결된 열화와 같은 기운이 거대한 원기옥을 만들었는데……가만, 이 필살기를 얻다 쓰지?

직업, 나이, 성별, 국적에 상관없이 통화는 히치콕의 서스펜스 장치(인물 몰래 테이블 아래 설치된 폭탄)처럼 긴장을 증폭시켜 사람들을 두려움에 떨게 만들었다. 콜포비아의 시작은 언제부터일까? 전화해야 할 일정이 정해졌을 때부터! 그때부터 '예약된 통화'라는 얇고 불투명한 막이 날 상추쌈 싸듯 휘감았다. 긴장을 끝내는 길은 단 하나, 통화를 해 버리는 것. ☻도망치는 건 부끄러운 데다 '전혀' 도움이 안 되니까 그 방법뿐이다.

멋지게 통화하는 지인이 몇 있다. 예상 못 한 요구에도 유연한 대응력. 말인지 방귀인지 구분하기 어려운 말을 들어도 당황하지 않는 정신력. 오는 전화 안 막고 거는 전화 망설이지 않는 여유. 통화하면서 쫙 펴진 어깨, 꼿꼿한 목과 허리가 탐났다. 부러웠다. 저 상황에서, 저 말을 듣고, 어떻게 저리 침착한 태도를 유지할 수 있을까? 변함없는 목소리 톤과 속도와 표정, 이건 되지만 저건 안 된다는 단호함, 언제까지 연락을 주겠다거나 받을 수 있다고 공지하는 당당함, 굽신거리지 않는 자세, 마지막까지 이어지는 차분함. 통화 한번 하려면 심장이 덜컹하는 나의 눈엔 개선장군급 대단함이었다. 갖고 싶다, 저 모습.

☻ 아라가키 유이, 호시노 겐 주연의 일본 드라마
 <도망치는 건 부끄럽지만 도움이 된다>의 제목을 활용.

사람에겐 기질이 있다. 타고난다는 그것은 살아가며 보완할 순 있지만 그 뿌리가 아예 바뀔 순 없다. 그런 면에서 지인들은 옥수수로 태어났고 나는 감자였다. 옥수수의 노랗고 탱탱한 알갱이와 단맛이 아무리 부러워도 감자는 옥수수가 될 수 없다. 하지만 부러운 건 부러운 거고, 못하는 건 못하는 거지. 나는 내가 감자라는 걸 받아들였다. 안 되는 건 안 되는구나, 했다. "전화벨이 울리면 긴장돼. 그래, 통화하는 건 어려워." 혼잣말을 했다. 여기서 중요한 건 내 귀에 진짜 들려야 한다는 것. 나의 상태를 직접 듣는 것만으로도 긴장감이 살짝 누그러졌다. 마음이 좀 진정되면 머리가 일을 한다. 누그러진 틈을 타 머리가 말했다. '긴장을 풀어 줄 방법을 써 보자.', '스트레스를 낮출 방법을 찾아보자.' 통화를 앞두고 예상 대화를 연습하고, 장소를 옮겨 보고, 심호흡을 하기도 했다.

안다. 이런다고 해야 할 통화 앞에서 옥수수가 되지 않는다는 걸. 노력해도 버벅대는 감자일 거란 걸. 하지만 울리는 전화벨 앞에서 나를 후드려 패는 긴장감에게 속수무책 얻어맞기만 하는 게 아니라, 가드를 올려 이리저리 막아 보고 때론 훅을 날려 급소를 가격하기도 하는 나의 애씀이 마음에 든다. 그러면서 조금씩 줄어드는 두려움을 발견하는 순간도 짜릿하고. 여기엔 나름의 액션이 있었지만 반은 기세였다. 이까짓 통화 공포 따위 내가 쫄 것 같아? 해봐, 어? 해보라고! 그런. 기세가 절반이라면 내게도 승산이 있었다. 순간 긴장감 따위 개미 똥구멍만큼 사소하게 느껴졌다. 이게 성장인지는 모르겠지만 뭐라도 달라졌으니, 게다가 기분이 좋았으니 성장이라고 하자. 그리고 이런 식으로 달라지다가 뜻밖의 계기로 확 변할지도 모른다. 감자라고 믿었는데 감자 껍질에 둘러싸인 옥수수였을지도 모르고. 그래서 감자가 훌러덩 벗겨져 사람 살살 녹이는 언변으로 통화를 지배하는 옥수수가 드러날지 누가 알겠는가? 앞일은 어떻게 될지 아무도 알 수 없다.

일정표를 보니 다음주에 걸어야 하는 전화가 있다. '수요일 a.m.10/통화'. 메모를 읽었을 뿐인데 벌써 가슴이 콩콩 뛴다. 아직 감자인 건 확실한 것 같다. 그렇다면 기세를 더 키워야지! ☺

쓰고 싶다고 해놓고

✗	~~현명한 사람 되기 실패~~
✗	~~목표 찾기 실패~~
✗	~~망각하기 실패~~
✗	~~긴장하지 않기 실패~~
✗	원고 쓰기 실패

Weekly Failure Planner

2024년 7월 22일. 월요일. 오후 5시 11분. 삼청동 국립현대미술관 내 테라로사 카페에 들렀다 집으로 오는 길이었다. 지하철 5호선 서대문역과 충정로역 사이를 지나는 동안 새로운 메일 알람이 떴다.

안녕하세요 모베리 출판사입니다-에세이 협업 관……

핸드폰 상단 배너로 떴다가 사라진 '출판사'라는 단어. 출간 제안 메일이었다. 자주 제안받았던 내용이지 않을까 생각했다. 지하철에서 바로 확인하지 않고 집으로 왔다. 말끔하게 씻고 간편한 옷으로 갈아입고서 냉옥수수차를 만들어 거실 테이블에 앉아 심호흡을 한 뒤 노트북을 열었다. 아무것도 깔려 있지 않은 빈 바탕화면을 몇 분간 바라봤다. 메일 내용을 알지도 못하면서 거절할 생각부터 하고 있었다.

작가님과 실패에 대한 이야기를 담고 싶어요.

실패에 대한 이야기라니, 메일을 읽고 또 읽었다. 예상하지 못했던 소재와 제안이었는데도 마치 고전 명작을 보고 또 볼 때의 즐거움을 느꼈다. 줄거리며 대사를 꿰고 있지만 볼 때마다 놓쳐 버린 장면이 아직도 있음을 발견하게 되는 그런 즐거움. 나는 이 제안에 완전히 빠져들었다. 내가 쓰지 않으면 다른 작가가 쓰게 될 텐데, 그렇게 되면 속이 쓰릴 것 같았다. 아직 쓰지도 않은 글감을 빼앗은 가상의 누군가를 질투하고 있었다.

회신을 쓰는 내내 조심스러웠다. 타이핑조차 '다다다다다'가 아니라 '닥, 다닥, 다닥-' 틈을 들였다. 빠르게 쓰면 마음도 빨리 달아오를 것 같아서 회신 메일을 탈고하듯이 만졌다. 그렇게 주의하지 않으면 금세 '너무 너무 너무 좋아요'를 남발할 테니까. '너무'라는 말을 세 번이고 열 번이고 쓸 키분이었다.

이 주제로 함께 책을 만들어 보고 싶어졌어요.

'실패'라는 매력적인 글감을 내 손으로 맘껏 주무르고 싶다는 표현을 어른스럽게 하려면 어떻게 써야 할까? 어른스러운 회신이라면 짧고 명확한 문장 사이사이 여유 있는 느낌을 풍기는 거라고 생각했다. 10줄 남짓한 문장을 이리저리 다듬으며 '만들고 싶습니다!'가 아닌 '만들고 싶어졌어요.'라고 썼다. 쓰고 보니 어깨를 오므리고 고개를 살짝 떨구며 작게 말하는 모양새다. 느긋한 감이 있는 듯 없는 듯했지만 적어도 개구리처럼 날뛰는 느낌은 없었다. 회신 완료.

정식 계약을 했다. 글감을 다룰 수 있을지 자신이 없었지만, 나에게 필요한 소재였고 다루기 적절한 시기였다. 무엇보다 소재 자체가 매력적이어서 실패를 구석구석 탐색하고 그에 대한 이야기로 뜨거웠다 차가워지길 반복하고 싶었다. 그러나 그 후, 나는 곧바로 위기를 맞았다. 문장은 고사하고 단어 하나 쓰질 못했다. 거의 한 달을 그랬다. '제발, 한 문장만, 한 문장만.' 작은 입을 꽉 다물고 이유식을 거부하는 아기처럼 고개를 이리저리 획획 돌리는 나를 어르고 달랬다. 울고 싶었다. 노트북을 들고, 카페와 도서관으로 달려갔다. 하지만 그때마다 쓴 건 '내가 이걸 왜 한다고 했을까.'였다. 왜 마음이 둥둥 떴을까? 어째서 쓰지 않고는 못 견디겠다고 느꼈을까?

한 달가량 매일 글감과 살을 부대꼈다. 두껍고 단단한 벽과 같은 글감을 향해 주먹질과 발길질을 하다가 어느 날은 끌어안고 울다가. 또 어느 날은 시답잖은 비밀을 털어놓거나 말없이 노려보며 앉아 있기도 했다. 글감은 내가 떠나든 말든 상관하지 않겠지만, 치고받고 울며불며하는 사이 나는 무척 상관있게 되어 버렸다. 그러는 동안 글감에 애증이 생겼다. 원고 쓰기 38일째. 노트북을 다시 열었다. 얼마 지나지 않아 눈알이 뜨끈해지고 입술 새로 '끄응' 하는 소리가 절로 났다. 벌떡 일어나 믹스커피를 한 잔 만들어 와서는 빈 페이지를 노려보며 홀짝였다. 내 안에 말이 많았다. 와자하게 많은 말을 글로 옮기기만 하면 되는데, 속말이 글로 옮겨갈 수 있도록 타이핑하는 손가락 끝에 구멍이라도 뚫어야 하나. 망상에 가까운 생각을 이었다.

혹시나 하는 마음으로 카페를 찾았다. 앉기만 해도 쓰기 바쁘게 글이 나올 것 같은 구석 자리에 노트북을 두고 앉았다. 주문한 커피를 테이블에 놓고 파일을 열었다. 파일이 열리는 그 몇 초간 아주 약간 기대하는 마음이 생기면서 눈에 생기가 돌았다. 하지만 그 이후로 아무 일도 일어나지 않았다. 커피는 이미 식어 버렸고 이어폰을 끼고 있던 터라 아무것도 듣지 못했다. 키보드를 치지도 않았으니 누가 보면 영화라도 보고 있는 줄 알 만한 모습이었다. 깜박이는 커서를 계속 바라봤다. 가끔 화면이 꺼지면 다시 켜기 위해 노트북 패드를 터치하는 일 외엔 손을 대지 않았다. 나는 시간과 함께 그 자리에서 정물이 됐다. 실내를 채우던 빛과 그늘, 웅성거리는 손님들의 뭉개진 말, 잔 부딪히는 소리와 그 사이를 오가는 음악이 나를 관통했다. 그럼에도 아무것도 남지 않았다.

'무슨 말을 써야 할지 모르겠다.'

한 달이 지나 처음 쓴 문장. 역시(역시라고 쓰니까 속이 좀 쓰리지만) 이날도 원고 쓰기에 실패했다. 거의 매번 실패하고 있다 보니 이러다가 잘 써지면 어색해질 것만 같았다. 하지만 아무 말이라도 써서 그런가, 빈 화면인 채로 창을 닫던 날엔 없던 일종의 성취감을 느꼈다. 심지어 말도 안 되는 문장 하나를 쓰고서 마치 원고를 모두 끝낼 수 있을 거라는 기대마저 생겼다. 생각보다 일찍 마감을 치르고 다른 원고도 거뜬히 해낼 수 있지 않을까, 하며 모래성을 쌓고 또 쌓았다. 내일이 오기 전에 겨우 쓴 한 줄을 모두 지워 버릴지라도. 한동안 다시 아무것도 쓰지 못해 괴로워할지라도. ☺

패딩은 15살

✗	~~현명한 사람 되기 실패~~
✗	~~목표 찾기 실패~~
✗	~~망각하기 실패~~
✗	~~긴장하지 않기 실패~~
✗	~~원고 쓰기 실패~~
✗	물건 버리기 실패

Weekly Failure Planner

도서관에 갈 일이 있어 외출 준비를 했다. 최고 기온 영상 1도, 최저 기온 영하 4도. 더 이상 블루종(흔히 항공 점퍼라고 부르는)을 입기 힘든 온도. 옷장 가장 안쪽에 걸어둔 패딩을 꺼냈다. 지난겨울 이후 9개월 만에 비닐 커버를 벗기고 옷을 꺼내는데 안감이 굵은 모래처럼 우수수 떨어졌다. 거실 테이블 위에 펼쳐 놓고 구석구석 훑어보니 겉감도 심하게 헐어 있었다. 주머니 입구와 밑단은 여러 갈래로 가늘게 갈라져 있었고, 누빔된 바느질 몇 군데는 언제 터졌는지 살짝 솜이 보였다. 이대로 입고 나가기 난감했다.

"이제 더는 못 입겠지."

우두커니 서서 나직하게 혼잣말을 했다. 누군가 이 말을 듣고서 '아직 몇 번 더 입을 수 있을 것 같은데.'라고 답해 주길 바랐다. 패딩을 뒤집었다. 옷이 테이블에 쏠리는 소리가 날카롭게 들렸다가 사라지고 정적이 고였다. '토독, 토독.' 귓속을 울리는 맥박 소리를 듣다가 버리기로 결정했다. 패딩을 천천히 개켰다. 팔 부위를 안으로 접고 하단부를 두 번 포개어 직사각형 모양으로 갠 후 손바닥으로 지그시 패딩을 눌렀다. 누르는 모양대로 포옥 꺼진 패딩이 가만히 다시 부풀었다. 그렇게 몇 차례를, 마치 어떤 의식을 치르는 것처럼 꺼졌다 부풀며 옷과 나는 서로 깊게 심호흡을 했다. 이 옷과 함께했던 장면들이 폭죽이 되어 어둑한 가슴 속에서 팡팡 터졌다. 노랑, 파랑, 빨강, 분홍빛으로 요란하게 터지는 빛들을 나는 멍하게 바라봤다. 곱게 접은 패딩을 두 손으로 잡고 끌어안았다. 패딩은 길고 가쁜 숨을 내뱉으며 가슴팍에 폭 안겼다. 구석구석 풍성했던 충전재가 세월을 못 이기고 숨이 죽어 내가 안은 모양 그대로 납작해진 채 구겨졌다. 그마저도 왜소한 것이 애달팠다.

20대 후반, 내가 갖지 못한 건 돈, 정규직, 집, 자신감이었고 가진 거라곤 월셋집의 보증금을 마련하려고 생긴 빚과 자격지심이었다. 빚은 늘어나지 않아 다행이었지만 자격지심은 그러지 못했다. 그러니 주위에 도움을 구할 생각은 추호도 없었다. 일을 구하지 못하는 동안에 밀린 월세를 내려고 물건을 팔거나 알바비 가불을 부탁할지언정 이런 사정을 가족과 친구, 연인에겐 말하지 않았다. 지금의 나라면 밀린 월세뿐일까. 거기에 밥값, 찻값에다 용돈까지 척척 얹어 능청스럽게 빌렸을 텐데. 그때의 나는 그럴 수 없었다.

그때 입고 다녔던 겨울 외투가 있었다. 입으면 바위를 들쳐 메는 것 같았고 밑단 여기저기 해진 부분이 있었지만 버리지 못했다. 유일한 겨울옷이었던 데다 새로 살 돈도 없었다. 까치산역 2번 출구의 재래시장 초입 <사장님이 미쳤어요> 할인 매장에서 앞뒤 가리지 않고 고른 거라 내가 입는 사이즈보다 2단계나 컸다. 외투 색깔이 노랑과 주황을 적당히 섞은 색이어서 멀리서 보면 다리 두 개 달린 특대형 귤처럼 보였다. 그 외투를 입고 사람을 만날 때면 대부분 그걸 어떻게 입고 다니느냐고 한마디씩 거들었다. 보다 못한 연인(그런 형편에서도 연애를 했다. 여러분, 돈이 있어야만 연애할 수 있는 건 아닙니다!)이 생일을 핑계 삼아 겨울 패딩을 선물했다. 다시 말하지만, 자격지심이 있는 사람은 선물을 선물로 받아들이지 못한다. 동정인가? 무시인가? 어떤 형태로든 왜곡시켰다. 선물을 받았음에도 기쁘지 않았고, 심지어 제대로 고마워하지도 않았다. 오히려 무언가를 받는 입장이 된 자신이 한심했다. 이렇게 쓰면서도 내가 정말 그랬던가 싶을 만큼 기막힐 정도로 꼬여 있었다.

선물 받은 패딩은 아주 오랜만에 가진 새 옷이었다. 쇼핑백을 받을 땐 괜한 자책으로 쭈뼛거렸지만 한편엔 들뜬 마음도 있었다. 쇼핑백에서 옷을 꺼내 방바닥에 길게 눕혔다. 밤처럼 검고 매끈한 천은 광택이 났고, 누빔된 부분은 풍성한 솜으로 볼록했다. 모자 끝에 빽빽

하게 달린 인조털은 포메라니안의 갈색 털처럼 부드러웠다. 하지만 어딘가 긁히면 쉽게 찢어질 것 같은 외피였고 오랜 세월 거뜬히 입을 수 있겠다는 기대를 갖기엔 조금 부족했다. 그래서 15년이 흐른 지금까지 내 곁에 머물러 주는 몇 안 되는 물건이 될 줄은 전혀 생각하지 못했다. 그사이 나는 20대 후반에서 40대 초반이 되었고, 알바생에서 백수였다가 직장인으로, 다시 회사를 그만두고 일러스트레이터로 일하다 지금의 작가가 됐다.

그림으로 할 수 있는 일을 밤낮으로 뒤졌다. 다른 사람에게 내 일자리가 넘어갔으니 그만두라는 말을 들은 날 이 옷을 입고 있었다. 고시원비를 내지 못해 사무실에서 밤을 지샐 때도, 하루 꼬박 굶다가 집 밖으로 날 끌어낸 친구에게 콩나물국밥을 얻어먹을 때도, 선배가 필요한 곳에 쓰라고 5만 원이 든 봉투를 내 손에 쥐어 줬을 때도, 960원을 들고 재래시장 호빵집에서 천 원짜리 호빵 하나를 샀을 때도, 최종 면접에서 떨어지고 손에 쥔 교통비 2만 원을 예금 통장에 입금할 때도, 이 옷을 입었다. 급여가 밀리지 않는 회사에서 받은 첫 월급으로 친구에게 돌솥비빔밥을 샀을 때, 선배에게 커피를 사며 치즈케이크를 포장해서 건넸을 때, 첫 외주 미팅을 하고 계약서를 썼을 때, 종합 출판

사와 출판 계약 건으로 이탈리안 식당에서 리조토를 먹었을 때, 내 책이 베스트셀러가 됐다는 연락을 받았을 때, 작가라는 직업인으로 강연을 시작했을 때, 이 옷이 있었다. 다양한 높낮이의 기쁨과 슬픔의 순간들이 있었지만 나는 서서히 잊었다. 아직 남은 기억들 중에 더러 왜곡된 부분도 있을 것이다. 그러나 나의 기억보다 더 확실한 사실들이 패딩에 고스란히 스몄다. 함께한 날의 냄새와 온도, 촉감, 어떤 흔적으로든 그렇게 옷은 늙어 갔다.

나는 이 옷을 무척 좋아했고 아꼈다. 매해 겨울, 외출할 때면 패딩을 입었고 돌아와선 물티슈와 마른 천으로 외피를 닦으면서 흠난 곳은 없는지 살폈다. 겨울이 아닌 계절이 오면 모자와 모자에 달린 털, 몸통을 각각 분리해서 커버를 씌워 모자와 털은 서랍장에, 몸통은 접히지 않도록 옷걸이에 걸어 보관했다. 그럼에도 세월이 흘러 목덜미와 등허리 쪽 속감이 해어지고 반질반질 매그럽던 외피도 볼품없어졌다. 빗살이 미끄러질 만큼 부드럽고 풍성했던 모자 털은 빗질을 하기 어려울 만큼 뻣뻣하게 변했다.

2009년 12월에 선물 받고서 2024년 12월 10일까지. 15년 동안, 패딩과 우여곡절을 함께했다. 그건 옷으로 만들어진 나였다. 때문에 옷을 버리는 게 아니라 더 이상 손쓸 수 없게 된 나의 병든 부분과 헤어지는 것처럼 느껴졌다. 그래서 현관에 접어 둔 패딩을 볼 때마다 이렇게 버려도 괜찮은 건지 계속 되물었다. 유별난 애착이었다. 내일 버려야지, 내일 버려야지, 하면서 일주일을 넘겼다. 간혹 그 앞에 쪼그리고 앉아 옷감을 만지다가 울적해지는 마음이 들면 약간 당황스러웠지만 아주 이해 못 할 것도 아니었다.

헌옷 수거함 앞에 섰다. 깊숙이 자리한 수거함 입구에 모자 부분부터 밀어넣었다. 허리쯤에 다다르니 쑥 들어갔다. 순간, 나도 모르게 손아귀에 힘을 줬다가 이내 다시 손바닥을 폈다. 검정 패딩의 끝자락이 구멍 속으로 재빠르게 사라졌다. 깊이를 알 수 없을 만큼 컴컴한 구멍을 몇 초간 지켜봤다. '다시 손을 넣으면 옷을 끄집어낼 수 있지 않을까? 이제 막 들어간 거니까, 그러니까……' 하는 생각이 스쳤다. 옷과 이별하는 데 실패할 때마다 오랜 시간, 수천 번 나를 안아 주었던 늙고 낡은 옷의 익숙한 품을 그리워했다. 그러다 우뚝 돌아서는 연습을 멈췄다. 현관에 둔 지 보름이 지나서야 마침내 15살 패딩과 헤어질 수 있었다. ☺

13. 물건 버리기 실패

> DAY 14

기대도 두려움도 없이

×	현명한 사람 되기 실패
×	목표 찾기 실패
×	망각하기 실패
×	긴장하지 않기 실패
×	원고 쓰기 실패
×	물건 버리기 실패
×	**노후 계획 실패**

Weekly Failure Planner

우리 모두 언젠가 죽는다. 살아 있는 동안 건강하게 스스로를 돌볼 수 있어야 한다. '건강'하게, '스스로'를, '돌볼' 수 있다는 이 문장을 노후에 편안히 누릴 수 있도록 하는 일, 나는 그걸 노년기 준비라고 본다. 인생사 별거 없다는 말은 마음 준비를, 인생사 별거 있다는 말은 현실 준비를 하게 도왔다.

어느 날부터 악몽을 꿨다. 내용인 즉, 커다란 리어카를 끌고 다니다 폐지를 주워서 넣으면 사라지고, 또 넣으면 사라지고. 나중엔 리어카가 언덕을 굴러떨어지며 박살이 나는데 나는 그걸 대성통곡하며 따라갔다. 식은땀에 젖어 외마디 '악' 소리를 내며 깬 밤이 많았다. 준비하지 않은 노년에 대한 두려움은 그렇게 꿈으로 등장했다. 나이 듦에 대해 갖고 있는 두려움은 어디서 비롯된 걸까? 오래 준비할 것이므로 신중하게 생각했다. 차츰 내가 가진 두려움의 상당 부분은 노년의 삶이 비참해지는 건 아닐까 하는 걱정이란 걸 알았다. 내가 생각하는 '비참함'은 무엇일까? 이에 대해 나만의 정의를 내리면서 노후 계획이 시작됐다. 피하고 싶은 노년의 비참함과 살고 싶은 노년의 청사진 사이를 구분 짓는 단어가 두 개 있다. '건강'과 '돈'. 두 가지는 노년기를 계획할 때 빠져서는 안 되는 조건이다. 나의 성향에 맞는 준비가 필요했다. 사회적 소속감과 소외감 사이의 균형을 맞추려는 노력은 언제나 하고 있으므로 새삼 노년기 준비 요소에 넣지 않았다. 오히려 예전보다 지금의 인간관계가 질적인 면에서 훨씬 넓고 다양해진 걸 보면 나이 든 나의 인간관계가 현재보다 더 낫지 않을까 하는 생각도 들었다.

나이듦을 준비하고 실행하는 과정에서 자신의 노후 계획과 방법을 가감 없이 알려준 이들이 있었다. 겉으로 보면 친구, 선배, 지인이지만 그들은 내게 선생님이었다. 저마다 불안을 갖고 살면서도 차분한 모습으로 자기 삶을 꿋꿋하게 저어가는 사람이었다. 불안한 속을 더 불안한 말과 표정으로 드러내는 나로써는 그들이 부러웠고, 그래서 닮고 싶었다.

돈의 세계에서는 수의 크고 작음이 문제가 아니었다. 숫자, 그 자체가 의미였고 관여된 모든 이해 당사자가 예민할 수밖에 없었다. 그런 세계에 발을 딛으며 헛웃음이 나오는 실수를 잘도 해댔다. 작가의 세계는 그야말로 온실이었다. 돈의 세계는 목성의 대적점과 같았고 그 속에서 나는 수시로 겁에 질린 우주 제일 바보가 됐다. 문제 앞에서 쩔쩔맬 때마다 선생님에게 달려갔다. 그들은 보드라운 음식과 마실 것을 내어주거나 내가 닿고자 했던 목적지 너머를 보여 주며 나직한 목소리와 여유로운 말투로 별일 아님을 알려줬다. 내가 토로하는 문제만으로는 인생이 망가지지 않으니 안심하라고. 지나 보면 아무 일도 아니란 걸 깨닫게 될 텐데 그건 실수만큼 실력이 쌓였기 때문이라고. 수년 동안 즉시, 꾸준히, 담담히 지혜를 나눠준 선생님들이 있었기 때문에 나는 조금 덜 두려워하며 배울 수 있었다. 새파란 얼굴로 잠을 설치고 까맣게 속을 태우던 날이 점차 줄었다.

그들은 내가 경험했다면 버티지 못했을 일들을 수없이 이겨내고 자수성가하여 존중받고 있는 이들이었음에도 위계가 없었다. 자기 시간과 노력을 나눠주며 상대를 눈치 보게 하거나 대가를 바라지도 않았다. 심지어 기꺼이 준비된 상태로 나를 맞이해 준다는 느낌까지 들어 내가 그분들의 시간을 빼앗는 건 아닐지 염려하는 마음을 갖지 않도록 배려했다. 지금도 이어지고 있는 선생님들과의 관계에서 나는 뜻하지 않은 배움을 얻었는데, 바로 어른다운 어른이 되는 법이었다. 그들은 돈을 다루는 방법(많이 버는 방법이 아니다)을 알려 주면서 사람을 대하는 태도와 마음가짐에 대해 늘 말했다. 이는 대부분 상식과 정도를 갖추고 무례하지 않게 행동하는 걸 뜻했는데, 그들이 나를 대하는 모습도 이와 크게 다르지 않았다. 시간이 지나고 보니

가치관과 말과 행동이 일치하기란 상당히 어려운 일이고, 그 어려움을 묵묵히 이어오는 사람은 더욱 드물기 때문에 어른다운 어른을 만나기가 쉽지 않다는 걸 깨달았다.

이제야 염치를 갖게 되면서 나의 아가미가 되어 준 선생님들로부터 받은 감사를 어떻게 풀어내면 좋을까 고민했다. 처음엔 내가 받은 고마움을 그들에게 돌려주는 게 갚는 일이라고 생각했지만 고마움을 어떻게 계산할 것이며, 그걸 나름의 방식대로 갚는다 한들 온전히 전할 수 있을까. 받은 만큼 돌려주는 일이란 애당초 불가능했다. 고마움을 갚는 일은 10년 전의 나처럼 나이 듦에 대해 불안하다 못해 두려워만 하는 누군가에게 내가 받은 지식과 경험을 나눠주는 것이었다.

이제는 계획한 노후의 삶을 맞이할 방법을 실행, 수정, 보완, 반복하기를 그럭저럭 해내고 있지만 잘하냐고 묻는다면 여전히 아닌 것 같다. 마음 편한 방법이냐고 물어도 그 역시 아니다. 아직도 모르는 것투성이다. 나이듦을 생각하다 보면 현재를 돌아보고 지금 사는 방식을 점검하게 된다. 한 계절 앞서 점검한 노년기 계획을 다시 훑어봤다. 실패한 부분이 군데군데 보여 숫자를 고치고 새로운 시간과 목표를 가늠했다. 내가 할 수 있는 지점과 했으면 하고 바라는 지점의 경계에 깃발을 꽂았다. 새로운 깃발로 가는 동안 새로운 실패들이 점점이 이어지겠지, 하지만 무말랭이처럼 쪼그라들어도 어떻게든 가려는 방향으로 나아가겠지.

메모장에 적힌 적나라한 나의 욕망들을 둘러보면서 노후 준비에 임하는 나에 대해 재미있는 사실을 발견했다. 단 한 번도 노년기 계획의 성공을 확신하지 않았다는 것. 그렇다면 난 이 계획을 어떤 힘으로 끌고 가려 한 걸까? 바로 최소한의 책임. 나 하나를 충분히 책임지자는 결심, 이 결심을 꼭 지키고 싶다는 다짐이었다. 제법 담담하게 나이 든 나를 기다리고 있다. 실패를 책임지는 사람이 되어 좋아하는 일을 지속하고, 건강한 몸으로 사고하고 행동하는 생활을 유지하다가 나의 선생님들처럼 어른다운 어른에 조금이라도 가까워진, 그런 노년기를 맞이하고 싶다는 꿈을 갖고서. ☺

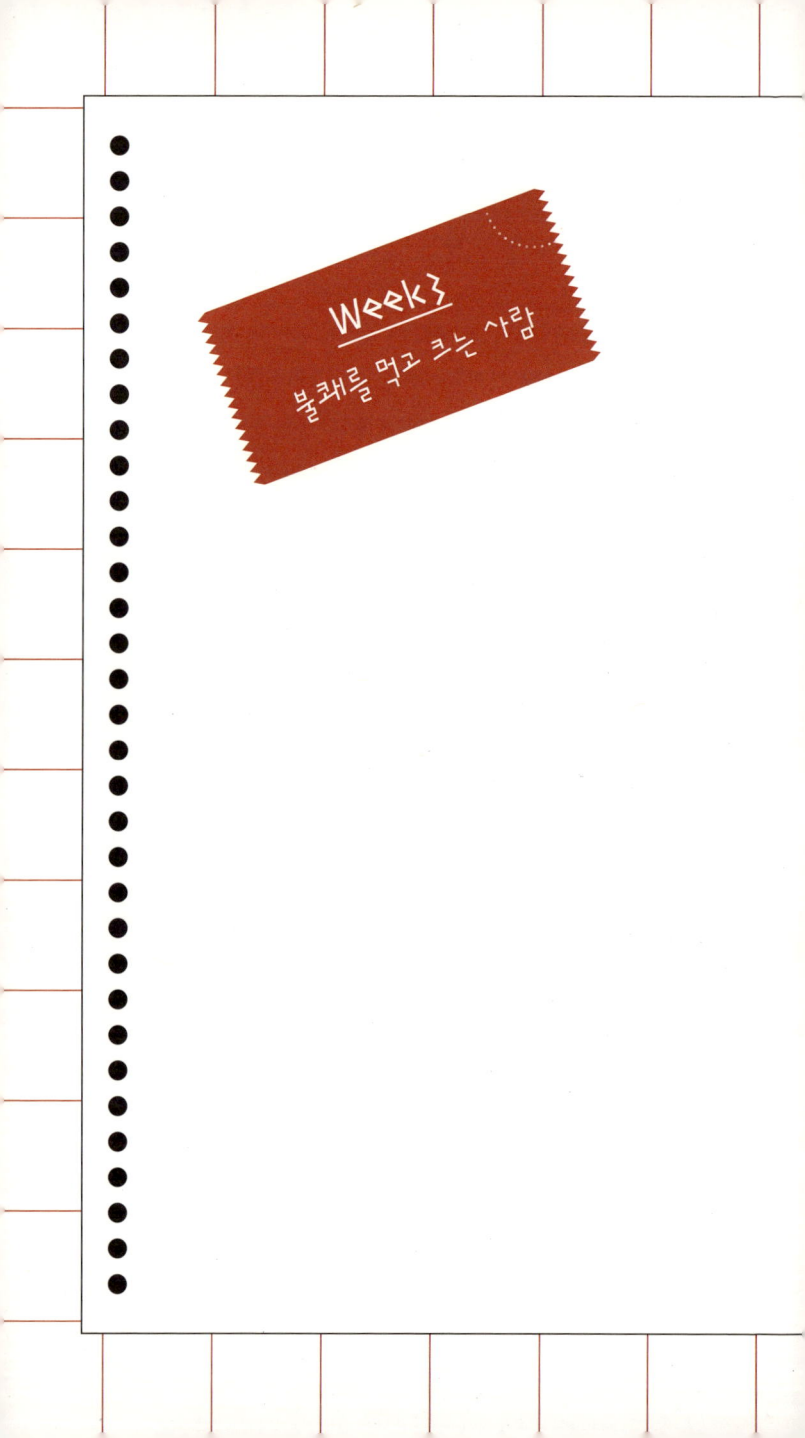

좋아하면 말하는

✗	맥주 끊기 실패

Weekly Failure Planner

맥주를 좋아한다. 내게 맥주는 향, 맛, 색, 가격, 다양한 종류, 마시는 방법, 안주와의 조화, 알코올 도수, 모든 조건을 만족하는 완벽한 주류다. 수입 맥주 네 캔에 만 원 붐을 타고 온갖 종류의 맥주들이 쏟아져 나올 때 내가 마신 맥주 종류도 국내를 벗어나 세계로 뻗어 나갔다. 카스만 주구장창 마셨던 나의 혓바닥에 쏟아진 글로벌한 축복은 맥주 취향을 발견하는 기쁨도 선사했다. 여름이면 주 5일 맥주를 마셨다. 주량은 자주 마셔도 늘지 않았기 때문에(어쩌면 간 기능이 크게 상실되지 않아서) 500ml를 유지했다. 알코올 가성비가 뛰어난 사람이라 500ml 한 잔이면 딱 내가 원하는 취기에 다다랐다.

평소처럼 맥주를 마시며 저녁을 맞이했다. 문득 맥주 없는 평일 저녁이 언제였더라 떠올려 봤다. 기억을 꽤 오래 더듬어봐도 좀처럼 생각나지 않았는데, 웬일인지 '맨정신이었던 평일 저녁을 되찾겠다'는 목표에 꽂혔다. 맥주 없는 평일 저녁이라 어디 보자, 한 모금에 봄은 아닌가, 한 모금에 아니 그럼 작년인가, 마지막 한 모금에 이보시오 의사 양반 아니 내가 주정뱅이였다니! 맨정신의 평일 저녁을 끝내 떠올리지 못하고 맥주 한 캔을 깔끔하게 비웠다.

평일 저녁마다 한 캔씩 마시는 패턴이 수개월 이어졌다

15. 맥주 끊기 실패

는 사실에 적잖이 당황스러웠다. 그리고 이내 내 생활이 마구 짓밟힌 골목길 눈처럼 엉망진창이 된 것만 같아 살짝 겁이 났다. 이렇게 과대망상에 과잉 반응한 것도 취기 때문이다. 취기로 이성이 멈추면 감정이 부풀어서 반응도 과해지기 마련이니까. 분리수거함이 있는 베란다 문을 열었다. 통들을 살펴보니 비닐, 종이, 플라스틱 함은 비었는데 캔 함에는 빈 맥주캔과 병이 수북했다. 4개의 분리수거함 중에 하나만 가득한 게 눈에 거슬렸다. 나는 그것들의 균형을 맞추고 싶었고, 3개의 통을 채우는 것보다 1개의 통을 비우는 쪽이 빨랐다. 그래, 맥주를 끊어 보자!

우선 주위에 알렸다. "나 이제 맥주 안 마셔. 권하지도 보여 주지도 말아 줘." 다음으로는 맥주를 사지 않았다. 편의점에서도 마트에서도 맥주 코너는 아예 쳐다보지 않았다. 주류를 파는 카페에서도 쇼케이스에 눈길을 주지 않았고, 메뉴판 속 <BEER>라고 적힌 페이지도 광속으로 넘겼다. 길을 걷다 수제 맥줏집이 보이면 사채업자 피하듯 멀찌감치 떨어져 지났다.

맥주 끊기 8일 차. 일주일을 무사히 보냈다. 일일이 쓸 수 없을 만큼 자잘한 유혹으로부터 7일이나 금주의 결심을 지켰다. 처음부터 너무 길게 금주를 하면 반발이 생겨 부작용이 생길지도 몰랐다. 안 마시던 주류를 마신다던가, 평소 주량을 훌쩍 넘어 과음을 한다던가, 일을 망치거나, 매사 짜증을 내며 인간관계에 해악을 끼칠 수도 있었다. '어휴, 그러면 쓰나. 자기 관리는 현대인의 필수 덕목이잖아? 부작용이 나면 안 되지. 그럼, 그럼……'

1년 같은 일주일을 보내고 외출했다가 집으로 돌아오는 길. 지는 해가 일으킨 그림자로 적당히 어둑했다. 가게와 집과 자동차의 불빛 사이로 버스에서 내린 사람들이 서둘러 사라졌다. 아뿔싸, 마음에 맥주가 달처럼 떴다. 버스에서 내려 아스라이 편의점 간판이 보일 때부터 살까 말까 고민했다. 그렇게 느리게 걸을 수 없었다. 최대한 천천히 걸으며 결정의 순간을 지연시키려 애썼지만 이미 가게 앞에 도착했다. '바로 들어갈 순 없지. 그래, 나의 인내가 이 정도로 하찮진 않거든.' 편의점을 두고 빙 둘러 걸었다. '이건 산책이야, 산책. 오늘 충분히 못 걸었으니까 집에 가기 전에 걸으면서 생각을 정리하는 거지. 맥주를 살까 말까 그런 고민 때문에 이러는 게 저~어~얼~대 아니야.'

추운 날이었다. 네 바퀴 이상 걷게 되면 집으로 가자고 생각했……지만 편의점 문을 열었다. 몸과 마음이 이렇게까지 따로 놀 수도 있나. 편의점 주인이 가게 밖을 빙빙 도는 날 본 건 아니겠지? 자, 맥주는 쳐다보지 않는 거야. 일단 새우깡을 사자. 새우깡만! 왜 하필 새우깡이었을까. 과자 매대 맞은편에 맥주 냉장고가 있다는 걸 뻔히 알면서. 내 무의식은 의식을 기어이 이겨 먹고 맥주의 곁으로 나를 이끌었다. 편의점에서 나왔다. 내 손에 들린 검은 봉지 안의 맥주 한 캔과 새우깡. '아……진짜 이러기냐. 안 마시기로 해놓고…….' 한숨을 쉬었지만 입가는 웃고 있었다. 실로 백년 만에 만난 것 같은 맥주는 비닐봉지 안에 담겨 있는 것만으로도 내게 기쁨을 안겼다. 캔 뚜껑을 따고 유리잔을 기울여 거품과 맥주 2:8 비율로 따르는 동안의 긴장과 기대감, 목구멍을 넘어가는 순간의 짜릿함과 쾌감, 절반 정도 마셨을 때의 취기가 주는 안심과 느긋함, 마지막 한 모금의 아쉬움까지. 맥주 한잔으로 누릴 행복을 상상하며 집으로 향했다. 그새 완전한 어둠이 내렸고, 검은 봉지를 들어올리며 "맛있겠다, 맛있겠다." 중얼대는 사람이 걷고 있었다.

내겐 "이거 중독인가?" 물어보는 습관이 있다. 같은 커피를 삼일 이상 연거푸 마시면 "좋아하는 걸까?" 묻기 전에 "여기에 중독된 건가?" 묻는다. 어떤 물건, 음식, 일, 사람 등이 좋아서 몇 차례 같은 행동을 반복하면 그 행동에 얽매여 내가 휘둘리는 것만 같아서 불편했다. 연달아 찾는 것들이 나를 구속하는 건 아닐까. 결국 중독되어 벗어나지 못하면 어쩌지 하며 지나친 염려에 빠지곤 했다. 그런데 맥주를 마실 때의 나는 불안하지 않았다. 불안함에 이르게 만드는 건 대부분 복잡하게 얽히는 생각 때문인데, 맥주는 그걸 멈추게 했다. 경계하고 파헤치고 납득할 수 없는 일들로 괴로워하는 나를 마찰 없이 다독였다. 긴장을 풀어 마음을 누긋하게 만들고 이해되지 않는 건 그런대로 받아들일 수 있게 만들었다. 성인이 되고 취향을 찾은 것 중에 가장 꾸준하고 성실하게 기쁨과 행복을 안겨 준 것도, 오랫동안 사랑해 마지않았던 것도 맥주였다. 내가 맥주 끊기에 실패하는 건 당연했다.

요약하면 '저는 맥주를 무척 좋아합니다.'로 끝낼 수도 있다. 하지만 이렇게 말이 긴 건 역시나 좋아해서. 좋아하면 아무나 붙잡고 좋아서 어쩔 줄 모르는 마음을 무턱대고, 장황하게, 끝없이 털어놓는다. '아니, 그래서 뭐가 그렇게 좋아서 이 난리야? 별것도 없구만.' 맥주도 술이냐며 심드렁해 하는 사람들이 보지 못한 별것 천지인 세상을 나는 봤다. 해 보고 좋은 건 권하게 된다. 하지만 술 권하는 일은 썩 좋은 태도는 아니니 대신 이렇게 쓴다. 여러분, 별것 천지 맥주 한잔의 세계로 어서 오세요! 😉

저마저의 때의 식사법

✗	~~맥주 끊기 실패~~
✗	차려 먹기 실패

Weekly Failure Planner

갓 지은 밥 위로 적란운처럼 치솟은 허연 김. 주걱으로 뒤적일 때마다 손을 감싸는 보드라운 수증기와 사방으로 번지는 구수한 밥 내음. 엎드려 좌절한 이를 고개 들게 하고, 울다 쓰러진 사람을 일어나게 하는 냄새, 밥 냄새는 사람을 살린다. 빈속에 포슬하고 찰진 밥 한 덩이가 '텅' 소리 내며 묵직이 들어앉으면 이내 위장 데우는 느낌이 번지고 뜨뜻해진 속은 울음이나 웃음으로 불거져 나왔다. 당장 닥친 문제의 수와 중함을 모두 잊고 먹고 삼키는 일에만 집중했다. 주머니 사정이 여의치 않아 간장이나 쌈장 발라 가며 먹어도 따끈한 밥만 있으면 그저 좋았다. 숟가락 가득 푹푹 떠서 한 공기 먹고 나면 그 밥이 다 소화될 때쯤엔 하지 않으려는 마음 위로 뭐든 하려는 마음이 무럭무럭 피었다. 다림질하듯 구부정한 몸이 펴지고 얼굴에 혈색이 돌았다. 사는 일에 밥이란 이토록 중요한 것이었다.

먹는 일의 중요를 수시로 알았으면서도 나를 중요하게 대하지 않은 날이 많았다. 남에겐 잘 챙겨 먹으라고 말해 놓고 나를 먹이는 일은 쉽게 허투루 했다. 일이 바쁠수록, 혹은 일이 너무 없을 때면 내가 먹을 밥을 짓느라 드는 시간과 정성을 지독하게 아껴 일을 하거나 일을 만드는 데 썼다. 가진 건 시간과 몸뿐이었는데도 시간 귀한 줄만 알고 몸 귀한 줄은 몰랐다. 끼니마다 밥 냄새 없는 것들을 밥으로 넘겼다. 일만 잘 되면, 관계만 잘 풀리면, 헛헛한 속은 절로 든든해질 거라고 나조차도 미덥지 않은 이유를 댔다. 당시 내가 처한 조건에서 최선의 선택을 하기 위해 고심했지만, 그렇다고 현명한 선택을 한 건 아니었다. 나는 날 제대로 먹이지 않고 부리기만 했다. 일이 안 될수록, 사람들과 틀어질수록, 삼시 세끼 꼬박꼬박 먹었다면 오히려 나를 덜 상하게 했을지도 모른다. 이제와 생각해 보면 더욱 그런 생각이 든다. 밥이 아닌 것들을 밥처럼 먹은 나는 스스로를 얼마나 굶긴 걸까. 몸은 살아도 마음이 아사된 날이 여러 날이었다.

휘청이는 마음이 멀쩡한 사지를 바닥에 내다 꽂는 날엔 넘어진 상태로 좀체 일어날 수 없었다. 하지만 어떻게든 밥을 지었다. 와르르 무너질 것 같은 얼굴을 하고서 밥물을 맞춰 압력솥을 가스레인지에 올리고 몇 분 지나지 않아 '칙칙칙' 추가 돌면 그 새로 쌀 익는 냄새가 서서히 번졌다. 그 냄새가 달아 깊게 깊게 숨 쉬다 보면 별달리 애쓰지 않아도 들끓는 심정이 차분해졌다. 한 숟갈, 두 숟갈, 떠먹은 밥이 쇠약해진 나를 착실하게 살찌웠다. 멍든 마음을 쓰다듬고, 찢긴 곳을 지혈하고, 움푹 패인 곳을 채웠다. 울퉁불퉁했던 나는 다시 매끈한 모습으로 돌아와 윤기 오른 얼굴로 실없이 웃으며 설거지를 했다. 삶이 꺾인 자리마다 절망한 나를 위로하고 격려한 것은 나를 위해 수고를 들여 만든 식사였다. 밥 한술에 든 정성과 애정이 나를 치료했다.

밥 아닌 것들과 밥이 되는 것들을 구분하는 일은 애당초 어렵지 않았다. 내가 먹은 것이 나를 만든다는 사실을 모른척할 때가 많았을 뿐이다. 자신을 해치고 있다는 걸 알면서도 정말 그런 건 아닐 거라고 오판하고, 그 부작용을 감내하느라 시간을 보냈다. 여러 해 경험하고도 비슷한 선택을 연거푸 이어나간 어리석음 끝에 비로소 제대로 된 식사를 한다. 어떤 상황에 처하더라도 자신을 지키는 가장 확실한 방법인 스스로를 제때 먹이는 일을 이제야 일상으로 이어가고 있다. ☺

DAY 17

불쾌를 먹고 크는 사람

✗	맥주 끊기 실패
✗	차려 먹기 실패
✗	포기하기 실패

돈이 걸린 기싸움을 하던 9월. 서류, 문자, 통화로 험한 말을 주고받던 날이 이어졌다. 하나의 일이 꼬이면 그 일이 해결될 때까지 힘을 쓰는 사람인지라 스트레스로 쥐어짜는 위장을 부여잡고 괴로워했다. 확 엎어져 죽고 싶다, 콱 사고가 나서 책임으로부터 달아나고 싶다, 이런 생각뿐인 와중에 또 다른 생각이 말했다. 지금, 중요한 순간에 서 있다고. 겪고 싶지 않은 이런 종류의 두려움이 가르치는 용기를 배울 때가 됐다고. 가치 있는 것들은 거의 다 고통을 수반했다. 달아나고 싶다, 배우고 싶다, 두 마음이 배구공 넘기듯 저들끼리 튕겨 대는 바람에 나는 고개를 푹 숙였다가 치들었다가, 어깨를 굽혔다가 펴길 반복했다. 시간은 흐르고 때마다 으르렁대며 해결에 난산을 겪었지만 꾸역꾸역 이해관계자들과 타협점에 이르고 있었다.

간혹 어떤 충돌은 지루했다. 지루하다니, 어째서? 손톱을 자근자근 뜯으며 불안해하고 당장 망할 것 같은 기분 탓에 머리털이 곤두서야 하는 거 아녔어? 지금 딱, 그런 반응이 나와야 맞잖아? 그런데 아니었으니까. 누가 봐도 수긍할 반응과 전혀 그렇지 않은 반응이 섞여 있었으니까. 묘했다. 논리가 맞지 않으니 뇌가 바빴다. 문득 나는 두려움 사이에 귀찮음이 끼어들고 있단 걸 눈치챘다. 그렇게 이런 문제에 익숙해지는 중이었다.

각자의 밥그릇을 지키기 위한 싸움을 작가의 세계가 아닌 다른 곳에서 하게 된 이유는 불안하고 영세한 직업 때문이었다. 작가 자리를 지키려고 노력했지만 노력이 반드시 직업 보장을 하는 건 아니어서 늘 일자리 불안을 느꼈다. 당시 출간한 책들의 반응이 그전만 못했고, 나의 글과 그림은 빛을 잃고 있었다. 재능도 없는데 판매마저 줄어드는 건 공포였다. 빚과 생활비라는 현실적인 문제에 작가로서 자존감의 문제까지 더해졌다. 책을 팔아 돈을 벌기란 여간 어려운 게 아닌 데다 그렇게 해서 벌어도 연봉으로 계산했을 때 대체 언제 적 신입사원 연봉인지 알 수 없는 액수가 나왔다. 작가는 출간 계약이 확정되지 않는 한 무직 상태가 이어지는 셈이고 그로 인한 불안을 달래 줄 경제적, 정서적 안전기지를 찾아야 했다.

비정규 작가로 취준생(출간 계약이 없는 기간의 나) 시간을 보내던 어느 날, 일을 계속하지 못할까 봐 걱정만 하는 자신이 한심해서 분노가 치밀었다. '계속 이렇게 괴로워만 할 거야?' 스스로를 질타하며 나는 이미 부끄러웠다. 유쾌하게 상황을 정리하고 싶었다. 책임을 회피해도 괴롭고, 아니어도 그렇다면 차라리 화끈하게 책임지자, 나를! 당연한 일에 요란 떠는 모양새였는데 1인분의 책임을 다하지 못했던 순간들을 생각해 보면 어떤 면에선 각오가 필요했다. 이런 이유로 시작한 다른 세상의 일. 거기서 생긴 문제로 신선하고 창의적인 악다구니를 다양한 버전으로 들어가며 어찌저찌 일을 해내는 건 흥미로웠지만, 피로했다. 하지만 어쩌겠는가. 작가라는 본업을 유지하기 위해서 할 수 있는 일을 선택했으니 해야지.

본업으로 비롯된 수입에 대한 불안은 창작하는 과정에서 얻는 기쁨과 출간된 책으로 달랬고, 부족한 비용은 창작 외의 일로 충당했다. 숫자의 세계에서 일할 때 교환되는 재화들이 모두 동일한 가치를 가진 건 아니어서 수식에 틈이 생기곤 했는데, 내어주기 아까운 것과 보상으로 얻은 돈의 값어치가 차이 날 때엔 마음이 상했다. 간혹 바꿔 버린 시간과 정신이 아까워 속앓이가 길어질 때면 계산속과 이해득실이 없는 장소인 미술관으로 향했다.

K와 후암동에서 열린 사진전에 갔다. 예술은 늘 그랬듯 안길 데가 많았고 오래 기대어도 귀찮아하거나 화내지 않았다. 숫자 아래 억눌렸던 감정들이 작품 앞에서 되살아나 제 몫을 했다. 예술 충만한 공간에서 돈벌이의 피로와 직업 불안을 다독이는 건 좋았다. 그렇게 마음이 자라는 거니까. 다만, 부쩍 자라느라 힘이 들어

서 쑥쑥 크길 바라면서도 그만하고 싶었다.

오전 11시가 갓 넘은 시간. K와 나는 전시장을 빠져나와 밥집을 찾기로 했다. 대로변을 걷다가 발견한 콩나물해장국집. 플래시 터트려 찍은 사진처럼 빛바랜 시트지가 붙은 외관만 봐도 한자리에서 오래 영업한 곳 같았다. 가장 구석자리에 둘이 앉아 김치찌개 백반과 콩나물해장국을 시켰다. 펄펄 끓어 이리저리 넘치는 뚝배기가 통째로 각자 앞에 놓였다. 뭉텅뭉텅 썰린 섞박지, 마늘쫑 무침, 땅콩 섞인 콩자반, 된장과 고추가 반찬으로 곁들여진 상을 보자 식욕이 거세게 들이닥쳤다. 목구멍 아래로 저들끼리 엉켜 거대한 똬리를 틀고 있던 찌부러진 감정과 말이 콩나물해장국 냄새를 맡고선 꼬인 데를 다급하게 풀어 댔다. 국물 한술 떠서 후후 불어 입안에 스릅. 뜨끈하고 간간한 국물이 식도를 훑는 동안 빳빳했던 뒷덜미 근육이 부드럽게 풀렸다. 손목 스냅으로 공깃밥을 획획 흔든 후 절반을 뚝배기에 풍덩 말아 콩나물, 오징어, 파, 달걀흰자를 한 숟가락 봉긋하게 떠서 크게 한 입. 후우 뜨거운 김을 내보내며 우물우물 씹어 삼키는데 눈물이 찔끔 났다. 국물에 푹 풀린 쌀알이 위장에 그득그득 담길수록 명주실처럼 질긴 긴장도, 눈꼬리를 치켜올리던 오기도 툭툭 끊어졌다. 한 김 식은 국물에 남은 밥 반을 푹푹 말고 잘게 자른 섞박지를 툼벙 담근 후 다시 크게 한술. 나는 코를 박고 퍼먹었다. 수면 마취하고 먹은 밥도 아닌데, 국밥 한 그릇 해치우기 전과 이후만 기억에 남았다.

자, 이제 국물 들어갑니다……
(중략) ……이제 다 드셨습니다.
어후, 벌써요? 내가 언제 다 먹은 거지?

보통 이런 흐름 끝엔 국밥을 먹다가 왈칵 설움을 터뜨린다거나 친구가 소주 한잔 건네며 어깨 토닥이는 장면이 나와 줄 것 같지만, 전혀 그렇지 않았다. 눈가에 뭔가 흐르긴 했는데 아마 땀이었을 거다. 9월은 여전히 더웠고, 밥 먹는 동안 받은 악쓰는 문자로 화가 났었고, 국밥은 뜨거웠고, 된장에 찍어 먹은 고추 대가리가 너무 매웠고, 섞박지를 풀어 마신 국물마저 얼큰했으니 땀이었던 게 분명했다.

K는 기름진 얼굴을 파우더로 톡톡 두드리며 짐승처럼 먹어대는 나를 구경하더니 한마디 했다.

"너, 우냐?"
"땀이야, 땀. 밥 먹다가 왜 울어?
 근데 여기 국밥 뭐냐? 미쳤네."

뚝배기 그릇을 기울여 국물 뜨느라 벅벅 긁는 소리가 났다. 아껴뒀던 섞박지 한 조각을 입에 넣고 우적우적 씹었다. 티슈로 입을 닦고 보리차 한 모금 마시려니 K가 말했다.

"포장해 줄까? 갖고 갈래?"
"됐어. 배에 담았으면 됐지. 카페나 가자. 내가 살게."
"밥도 사고, 커피도 사게?"
"전업 작가한테서 얻어먹는 밥이랑 커피라니 짜릿하지 않냐? 기다려 봐. 돈 더 벌면 디저트도 살 거니까."
"그래? 그럼 오늘 비싼 데로 가자, 작가님 돈 좀 뽑아 먹게."
"가자, 가! 뜯어먹어라, 아주!"

삶은 소설책이다. 사는 동안 이야기는 이어지고 인물은 죽지 않는다. 죽을 것 같아도 결국은 지나가고, 끝인 것 같아도 생은 지속된다. 어떤 이야기는 인물의 절정을 채우고, 어떤 이야기는 다른 이야기를 위한 장치로 쓰인다. 그게 무슨 이야기든 인물의 삶에서 지워 낼 수 없고, 어떻게든 자리를 차지하고 있음을 부정할 수 없다. 내 삶의 모든 이야기가 소중하진 않아도 쓸모없는 이야기는 없는 법이다. 그러니까 벌인 일들 기꺼이 수습

하며 살자. 이렇게 말하니 괴로운 일에 대한 나만의 철학을 가진 사람처럼 보이지만, 그런 건 없다. 아등바등하다가 견디기 힘들면 갖가지 방법을 써 보고, 그중에 적당한 몇 가지에 매달려 문제를 해결해 나갈 뿐이다.

K를 만났을 때의 나는 엉망이었고 마침 K도 엉망이었다. 그런 둘이 정수리 마주대고 국밥 먹는 동안, 유부주머니 당면 채우듯 속이 꽉 채워지고 사과알 같은 주먹은 단단해졌다. 그 뒤로도 몇 차례 엉망인 모습이 되어 K와 함께 국밥과 섞박지를 삼켰다. 진흙탕을 뒹굴다 말끔한 모습이 되기까지 한 계절이 필요했다. 이제 이 이야기의 마지막 문장이 막 끝났고 다음 챕터를 넘길 참이다. ☺

쓸모의 재정의

✗	~~맥주 끊기 실패~~
✗	~~차려 먹기 실패~~
✗	~~포기하기 실패~~
✗	휴식하기 실패

Weekly Failure Planner

하늘이 말갰다. 설거지한 접시처럼 뽀드득 소리가 날 것 같았다. 더 쨍한 파란색을 보기 위해 동해로 가고 싶은 날이었다. 하지만 집에서 종일 드라마를 봤다. 낮맥주도 마셨다. 둘 다 내겐 드문 일이라 '이래도 되나? 괜찮은 걸까?' 하면서 보고 마셨다. 익숙하지 않아도 그래야만 할 것 같았다.

일하지 않을 땐 무얼 해도 좀처럼 집중하지 못하고 어딘가 멍한 기분이었다. 이런 상태가 길어지면 무기력이 왔다. 기운은 있지만 쏟을 곳을 찾지 못한 상태. 몸은 말을 듣지 않는데 마음은 앞서가니 불쑥불쑥 초조했다. 신간에 필요한 모든 일을 끝낸 후, 찰나의 후련함을 뒤로 길게 드리운 무기력과 공허가 활동 공백의 후유증이었다. 그 무엇에도 심드렁해지면 일단 나를 내버려뒀다. 이런 시간이 불편했지만 확실하게 하고 싶은 것도 없었다. 그런데도 스스로를 가만두지 못하는 습관 탓에 며칠 사이 또 일정표를 짜려고 들썩거렸다. 자신을 채근하지 않기란 정말 쉽지 않아서 하는 것보다 하지 않기를 힘들어하는 사람이란 걸 때마다 확인했다.

수시로 멍해지는 동안 그나마 적극적이었던 건 카페 가는 일이었다. 먹고 마시며 쉬거나 노는 곳인 카페에서 빌려온 고양이처럼 앉아 있는 내 모습이 낯설지 않았다. 나의 멍때림은 노는 것도, 쉬는 것도 아니었다. 살러 간 거였다. 아메리카노를 마시고 작은 포크로 파운드케이크를 촘촘히 잘라가며 먹는 일이. 대화하는 사람들을 흘끔흘끔 구경하며 카푸치노를 홀짝이는 일이. 두유 라떼를 마시면서 창밖을 내다보는 일이. 다 그런 이유였다. 주 7일 일하는 걸 뿌듯해하던 내 모습이 오버랩됐다. 열정적으로 일을 해내는 나, 성과를 내며 인정받는 나, 고민 따위 무시하고 활력 있게 일하며 반짝였던 내가 그리웠다. 하지만 이제 그런 내가 아닌 다른 모습의 나와도 익숙해질 때가 왔다.

'진짜 행복'을 위해 행복 비스무리한 것들을 목표 삼았다. 유명세, 돈, 집, 그런 것들. 내게 안정을 주고 사랑하는 사람들을 지킬 수 있게 한다고 믿었던 것들. 하지만 그것들에 대해 확실히 아는 게 없었다. 진짜는 뭐고 행복은 뭔지. 안정감을 갖거나 누군가를 지킨다는 건 또 무엇인지. 목표 삼았다고 하면서도 그 정도를 몰라 어영부영 다들 그러려니, 얼버무렸다. 꽤 긴 시간, 내가 그걸 원한다고 착각한 자신을 믿었다. 착각 가운데에도 일부 진심이 있었고, 성취를 위한 동력이기도 했다. 그래서 행복 비스무리한 것들을 가지려 아등바등했다고 해서 아주 나쁘지만은 않았다.

자신을 돌보면서 내가 쓸모 있는 인간이라는 걸 다시 느껴보고 싶었다.

'내가 아니었으면 대충 라면이나 먹었을 텐데, 어쩔 뻔했어?'
'내가 아니었으면 아무거나 입고 다녔을 텐데, 어쩔 뻔했어?'
'내가 아니었으면 제대로 잠도 못 잤을 텐데, 어쩔 뻔했어?'

입 밖으로 꺼내기에 유치한 저 말들은 확실히 작동했다. 라면 대신 먹인 쌀밥으로 혈색 도는 낯을 보며, 대충 걸쳤던 어깨에 어울리는 셔츠와 재킷을 입혀 주며, 푹 재워 상쾌하게 일어나는 모습을 보며. 서서히 달라지는 모습을 목격하면서 하는 게 없다고 생각했던 시간 동안 많은 것을 끊임없이 하고 있었다는 걸 깨달았고, 그건 나에게 나의 새로운 쓸모를 가르쳤다. 그리고 이것이 무탈한 삶을 지탱하는 가장 근본적인 기술임을 보여 줬다.

정주행하던 드라마의 마지막 회를 남겨 놓고 잠시 창밖을 봤다. 여전히 파랗고 투명하고 쨍했다. 문득 오늘 퇴사하는 S가 생각났다. 드라마를 계속 봤으면 깜

빡할 뻔했다. S가 갖고 싶다고 노래를 불렀던 립스틱과 문자를 보냈다.

> 축, 퇴사! 웰컴 투 백수 월드.
> 그간 사장 돈 벌어 주느라 고생했다.

S는 광화문 광장을 걷고 있다고 했다. 날이 참 예쁘니 다음에 꼭 같이 와 보자고. 자기 할 일을 모두 정리한 S의 둥둥 뜬 기분이 고스란히 내게 닿았다. 아마 다음엔 광화문 어딘가에서 보겠지. 예고편이 된 메시지를 읽는 동안 마음이 순해졌다. 공허는 끼어들 틈이 없었다. 들썩이는 문자를 읽고 밝은 사람과 약속을 잡았을 뿐인데 쉽게 기분이 들떴다. 아니, 이렇게 간단하게 나아질 거면 나의 쓸모를 운운할 일도 아니었던가 싶지만, 그건 그것대로 필요했다. 누구의 기분을 내내 얻어 쓸 순 없잖아. 다시 메시지를 보냈다.

> 다음주 언제든 괜찮지만 월요일 어때?
> 그때는 사람이 좀 적으니까.
> 현대미술관이나 경복궁 들렀다가 산책도 할 겸
> <나무 사이로>에 가서 커피 마시자.

확인해 볼 일정도 없고, 오후에 할 거라곤 드라마의 마지막 회를 보는 게 전부지만 한심하지도 초조하지도 않았다. 오히려 썩 괜찮은 기분이었다. 헐렁한 시간을 헐렁하게 맞춰 지내는 내 모습이 나쁘지 않았다. 스마트폰을 내려놓고 드라마 마지막 회를 재생했다. 여전히 훤한 낮에, 두어 모금 남은 맥주를 들이켰지만 덜 낯설고 조금은 친숙해진 마음이었다. ☺

질병과 변곡점

✗	~~맥주 끊기 실패~~
✗	~~차력 먹기 실패~~
✗	~~포기하기 실패~~
✗	~~휴식하기 실패~~
✗	건강하기 실패

Weekly Failure Planner

병든 마음이 사고와 행동으로 나타났다. 목덜미에 모래 주머니를 서너 개 얹은 사람처럼 등이 굽고 어깨가 안으로 말려들었다. 시선은 땅바닥을 그었고, 거울 앞이 아니어도 움츠러든 나를 보았다. 허리를 펴야지, 어깨를 펴야지, 의식했지만 하루 종일 내내 그럴 순 없었다. 마음이 쪼그라드니 몸도 따라갔다. 어깨와 허리에 실을 묶어 자꾸 안으로 잡아당기는 것만 같았다. 이러다가 달팽이처럼 몸이 안으로 돌돌 말려 들어가는 게 아닌가 염려될 정도였다.

트로피(유명세, 수입, 명예, 인기, 대우, 특혜 따위)를 바랐던 만큼 자주 좌절했다. 내 능력으로 가질 수 있는 것이면 더 빨리 갖지 못해서, 가질 수 없는 거라면 갖지 못했다는 이유로. 스스로 만든 모호한 욕망에 갇혀 있었다. 쫓을수록 선명해졌지만 닿지 못할 부분도 분명히 보였다. 바라는 나와 현재의 나 사이가 벌어질수록 서글펐고 아쉬웠고 자주 화가 났다. 당장 잡을 수 없는 목표를 두고 애를 태웠다. 아이고, 아직 한참 노력해야겠구나 하면 그만인데……아무 일도 아닌데……. 지금의 나라면 너스레를 놓거나 능청스러운 농담으로 어물쩍 넘겨 버렸을 일들이 그때는 손끝에 박힌 가시처럼 따가웠다.

자해, 불면, 절망적 반추가 늘어나면서 자살 사고의 빈도 역시 증가했다. 상담을 하며 정신과 동반 진료를 권장받았지만 일단 나는 상담만 하기로 했다. 약물이 있었다면 더 편했을 텐데, 그때는 약보다는 오로지 대화를 원했다. 하지 못했던 말을 삼킴 없이 뱉고 싶었다. 담당 선생님은 약물에 준하는 일을 병행해 보자고 했고 운동이 그것이었다. 그래서 걸었다. 매일 1만 보 이상, 때론 4만 보 이상을 걸었지만 만족하지 못해서 스피닝을 찾았다. 둘 다 전혀 다른 성격의 운동이었는데, 산책은 혼자 깊게 사색할 수 있어 좋았고 스피닝은 생각할 틈이 없어 좋았다. 1년 정도 스피닝을 했다. 내가 원하는 조건이 모두 포함된 운동이었다. 시끄러운 음악이 있고, 몰아세우는 강사가 있고, 다 같이 모였지만 혼자 할 수 있고, 소리지를 수 있고, 제자리에서 동작에만 집중할 수 있는 운동. 주위에선 아침부터 온갖 조명이 번쩍이는 곳에서 쿵쿵 울리는 클럽 음악을 듣고 어떻게 운동하냐고 하는데, 나는 그 혼을 쏙 빼는 정신 사나움이 몹시 마음에 들었다. 고강도 동작을 할 때 내지르는 함성이 음악을 뚫고 나오는 것도, 음악과 동작이 딱딱 맞아떨어질수록 숨이 차오르는 것도, 운동을 마치면 자전거 바닥이 땀으로 번들거리는 것도 빠짐없이 모두.

운동 음악이 바뀌느라 잠시 쉴 때면 잡념이 솟구쳤다.

성실하게 치고 들어오는 잡념으로 마음이 우울했지만 지표면에 자우룩이 깔린 는개 같은 무력감을 굳이 없애려 하지도 않았다. 번쩍이는 조명 속에서 사이클 페달을 밟을수록 마음의 바닥으로부터 여러 장면이 선연하게 떠올랐다. 마음에 갇혀 파동을 일으키던 잡념들이 신나는 음악을 타고 휘젓는 춤으로, 페달 밟는 다리로, 거친 호흡과 쏟아지는 땀으로 분주하게 빠져나왔다. 내가 페달을 굴리는지 페달이 나를 굴리는지 알 수 없던 순간, 사이클 바퀴에 붙은 속도와 페달 밟는 속도가 찰나에 어긋나며 바닥으로 고꾸라졌다. 맨 뒷줄 구석에서 타고 있었기 때문에 회원들은 나를 보지 못했지만 강사는 나를 봤다. 모두의 시선이 내게 쏠리는 건 싫어서 다급하게 괜찮다는 신호를 보냈다. 잠시 주저앉아 휙휙 돌다 서서히 멈추는 페달을 얼빠진 채로 보다가 다시 일어나 자전거를 탔다.

구부정한 모습으로 스피닝 센터에 들어가 말끔한 얼굴로 나오길 반복했다. 목표도 각오도 없었으니 장기 회원권 없이 월 회비를 내고 다녔다. 매달 갈 거라는 기대를 하기엔 나의 끈기도 의심스러워서 그만둬도 아깝지 않을 정도의 돈만 쓸 생각이었다. 그런데 1년을 다닌 걸 보면, 좋은 부분이 많았던 것 같다. 그럴 줄 알았으면 회원권을 끊을 걸. 월 회비와 비교해 보니 액수 차이가 컸다. 참, 사람 마음이 이렇다. 될 대로 되라는 마음으로 다녀 놓고서 좋은 거 다 얻고 살만해지니까 계산속을 드러낸다.

운동과 병의 공통점은 둘 다 나를 제대로 알게 했다는 것이다. 육체적, 정신적으로 이보다 더 격렬하게 즉각 나를 움직이도록 한 게 없었다. 특히, 마음이 아팠던 건 무척 고마운 일이었다. 아프면 용감해진다. 언제든지 사라지고 싶다는 생각은 위험했지만, 그런 만큼 인생에 쓸데없는 군더더기들을 거침없이 제거하는 데 주저함이 없었다. 가장 큰 걸 잃어 봤자 목숨밖에 없었으니 삶의 하방은 확실했고, 상방은 한없이 열려 있었다. 이런저런 이유로 미루고 포기했던 일들을 시작하면서 하고자 하는 이야기를 쓰고, 그리고 싶은 스타일을 그렸다. 앞으로 얼마나 자유롭게 쓰고 그릴지, 거기에 무엇을 담아 어떤 세계를 만들지 전혀 알 수 없었지만 그렇기 때문에 기대가 됐다. 이런 기대감으로 5년, 10년, 15년 뒤의 나이 든 내가 지금의 내게 말했다.

"내 나이 돼 봐. 지금의 너보다 더 자유롭고
뻔뻔해져서 인생이 훨씬 재밌어진다니까."

지나 보니 보약 같은 시간이었다. 겪는 동안은 속이 쓰려도 세상만사 공짜가 없음은 만고의 진리라서 쓰라린 것쯤 약값이라 생각하면 아주 이해되지 않는 일도 아니었다. 때론 헐값이었던 것 같기도 하고. 여전히 탐나는 것들은 있고, 쉽게 가져 볼 수 있지 않을까 하는 마음에 군침 흘려 보지만 내 손에 들어오기엔 글렀다 싶어 입맛 다실 때가 있다. 그때마다 괜히 쑥스러워 '어쩔 수 없지, 뭐.' 하고 만다. 상황과 기대, 둘의 차이를 사실대로 수용하는 게 굴복이 아닌 승복임을 이해하고부터는 지는 기분이 들어 싫어했던 '어쩔 수 없지, 뭐.'라는 말이 자연스럽게 나왔다. 내가 변하니 치를 떨던 말도 나의 말이 됐다. 이왕 달라진다면 불편 속에서도 재미를 발견하는 사람이 되면 좋겠지만, 그러려면 아직 멀었으니 일단 싫어하던 것들을 담담히 대하는 일부터 해 본다. 병과 운동이 말 안 듣던 나를 어르고 달래며, 때론 호통치고 으름장을 놓기도 한 1년 동안 열심히 다듬어 얻은 결과였다. ☺

치사한 슬픔

✗	~~맥주 끊기 실패~~
✗	~~차려 먹기 실패~~
✗	~~포기하기 실패~~
✗	~~휴식하기 실패~~
✗	~~건강하기 실패~~
✗	용기 내기 실패

Weekly Failure Planner

일을 끝내고 집으로 오는 길, 초봄의 온화한 날을 두고 버스 타기 아쉬워 걸었다. 왕복 6차선 중앙 갓길에 오도카니 엎드려 있는 노란 줄무늬 고양이. 얼굴 부위에 피가 가득 묻은 채 움직임이 없었다. 누렇게 마른 풀더미들 사이의 죽음을 보았을 때, 혀뿌리가 부러진 듯 '억' 하는 소리와 함께 눈물이 쏟아졌다. 소방수처럼 눈물이 몽땅 빠져나와 눈알이 말라붙는 것 같았고, 날카로운 송곳니가 심장을 한입 뜯은 것 같았다. 이상하리만치 과도한 반응이었다. 일 년 전 이미 죽은 나의 고양이가 떠올라 그런 것 같기도 했고, 동물 보호소에서 구조된 고양이들을 돌보고 오던 길이라서 그런 것 같기도 했다.

스마트폰으로 로드킬 신고 번호를 띄워 놓고 한참을 섰다. 통화를 한 것도 아니고, 그렇다고 그만둔 것도 아닌 채로 길 건너편에서 그저 죽은 고양이를 지켜봤다. 그러다 집으로 다시 걸었는데 두어 걸음 걷다가 돌아보고, 서너 걸음 걷다가 돌아보며 속으로만 어쩌나, 어쩌나 울며 왔다. 신고 번호도 알고, 장소도 알고, 마음이 괴로웠으면서도 전화하지 않았다. 누군가 하겠지, 내가 아니어도 그러겠지. 감정만 차고 넘쳐 가상의 타인에게 행동을 슬쩍 미룬 사실이 몹시 부끄러웠다. 전화를 거는, 그 사소하고 쉬운 일에도 용기가 없었다. 죽은 고양이를 안타까워하기만 했을 뿐, 할 수 있는 일을 하지 않았다. 나는 왜 이렇게 작은 일에서조차 주저할까. 그러면서 용기 내지 못한 타인에게는 어떻게 그리 쉽게 화를 낼까. 아기 주먹만큼도 안 되는, 그마저도 쪼그라 붙은 용기 앞에서 죽은 고양이를 보고 흘린 눈물이 거짓말 같았다.

그 후로 보름쯤 뒤, 도서관에 책을 반납하고 돌아오며 또 다른 고양이의 로드킬을 목격했다. 이번엔 차 안에서 봤는데 고등어 무늬를 가진 고양이의 사체는 이미 많이 훼손된 채로 도로 한가운데 있었다. 차들은 사체를 지나기 위해 서행을 하다 차선을 바꾸며 지나갔고, 내 마음은 다시 덜컥댔다. 지난번처럼 울지는 않았지만 생각은 놀랍도록 똑같았다. '어쩌지, 어쩌지. 누군가 신고하겠지?' 하지만 조막만한 용기가 없어 찝찝하고 부끄러운 기분을 다시 느끼고 싶지 않았다. 다급히 주위 큰 건물과 내비게이션 위치를 확인하고, 왕복 6차선 도로에서 구청 방면 2차로 정중앙에 놓여 있단 걸 기억했다. 집으로 돌아와 침대 끝에 앉아 심호흡을 했다. 전화일 뿐인데 통화 버튼을 누르려니 손끝이 달달 떨렸다. 저장된 전화번호를 눌러 상황 신고를 하고 나서야 네모였던 마음이 둥글어졌다. 들끓던 긴장이 단숨에 몸에서 후루룩 빠져나가, 나는 그만 터진 풍선처럼 흐늘거리며 드러누웠다. 눈을 감고 크게 숨을 내뱉고선 되뇌었다. '이제 됐다, 됐어.' 해야만 했고 할 수 있었던 일을 하지 않은 데 대한 부채감을 비로소 털어냈다.

일일이 울 수는 없었다. 울기만 하기도 싫었다. 울 힘으로 울지 않을 일이 되게끔 하고 싶었다. 비슷한 일을 목격하면 나는 다시 쪼그라들 수도 있다. 모른척한 대가로 한동안 서걱이는 마음을 가질지도 모른다. 이건 습관이다. 마음에 들지 않는 습관의 모서리를 깎아낼 때 불편감이 크지만 그 못지 않은 쾌감도 있다. 그건 아마도 좀 더 나은 나로의 변화, 마음에 있는 걸 말하고 말한 걸 정말 해내는 자신을 확인한 데서 비롯된 기분일 것이다. 용기 내지 않은 내가 만든 불편함은 내가 어떤 사람이 되고 싶어하는지를 비췄다. 가야 할 방향과 키워야 할 마음이 무엇인지 헷갈리지 않도록. ☺

맵싸한 낭패
밥   ㄴ ㅈㄱ

✕	~~맥주 끊기 실패~~
✕	~~차려 먹기 실패~~
✕	~~포기하기 실패~~
✕	~~휴식하기 실패~~
✕	~~건강하기 실패~~
✕	~~용기 내기 실패~~
✕	뒷담화하지 않기 실패

Weekly Failure Plnner

2월 초, 6개월 만에 P를 만났다. 북극 한파가 매섭던 날이라 지하철역 근처 스타벅스로 갔다. "여기서 차 한잔 마시고 오늘은 낮맥하러 가자. 요 며칠 맥주 생각이 엄청 났거든." 유난히 맥주가 생각난 날이어서 P가 거절하면 혼자서라도 갈 요량이었다. "그럼 뭘 망설여? 지금 바로 가자. 봐 둔 데 있지?" 우리는 짐을 챙겨 서둘러 펍으로 향했다. 2시 오픈에 딱 맞춰 갔더니 손님이라곤 우리뿐이었다. 다들 한창 바쁠 시간에 우리는 맥주나 마시며 시시덕거리고 있다는 상대적 우월감을 만끽할 수 있겠구나……라고 기대했지만 얼마 지나지 않아 2층은 만석이 됐다. 우월감은 무슨. 그때 P는 전화를 받더니 자리에서 멀찍이 떨어져 통화를 했다. 돌아와서 메시지를 확인하고 스마트폰을 내려놓으며 말했다.

"으, 정말 싫어. 진짜 싫어!"

메뉴를 구경하던 나는 쳐다보지도 않고 뭐가 싫으냐고 물었다.

"그냥. 아우, 그냥 다 싫은 인간!"

순간 나는 키오스크 쪽으로 굽힌 등을 펴 P를 쳐다봤다. 양쪽 눈과 코 사이 삼각존이 불긋한 게 확실히 열이 올라 있었다. 격렬한 흥미가 생겼다. P의 찌그러진 미간을 빤히 보며 실눈을 뜨고 씨익 웃었다. 그냥 다 싫은 건 얼마나 싫은 건지 캐묻고 싶었다.

바쁘다 바빠 현대 사회에서 먹고사는 일에 몸도 마음도 팽팽 돌아가는 보통 사람처럼 P와 나도 그러느라 자주 만나지 못했다. 1년에 2번 만나는 것도 애를 써야 했다. 그래서 만나면 좋은 게 좋은 거지라는 마음으로 허허실실하곤 했는데 몸서리치며 싫어서 미칠 지경이라는 P의 말이 툭 나왔을 때 우리는, 눈치챘다. 이번엔 청양고추처럼 매콤하고 알싸해서 혓바닥이 타들어 가는 이야기를 실컷 해 보고 싶은 마음을. 외부에 알려지면 사회적으로 이미지 타격을 받고도 남을 부도덕하고 치사스러운 비밀을 공유하는 오래된 친구와 말 새어 나갈 걱정 없이 싫은 사람에 대해 실컷 떠들 수 있는 기회는 흔치 않았다. 그리고 P에게도 마찬가지였다.

'특정 대상을 싫어하는 마음을 심리학적으로 분석해서 비뚤어진 부분을 알아채고 보완하여 더 나은 인간으로 거듭나기 위함' 따위 실컷 조롱하며 우리가 앉은 2층 창가 밖으로 가차없이 던져 버렸다. 그래도 마음이 흔들려 뒷담화 상대를 이해하려 하거나, 혹시 모를 연민이 생긴다면 나약한 마음을 단칼에 제거해 주자고 약속했다. 오늘 우리 대화의 목적은 오직 유희! 이렇게 정하고 나니 마음을 조이고 있던 족쇄 하나가 철그렁하고 벗겨지는 것 같았다. 그게 체면인지, 허영인지, 눈치인지 뭔지는 모르겠지만 마음이 느슨해졌다. 아무 말이나 막 내뱉어도 쉽게 용서받는 꼬마가 된 기분으로 서로를 쳐다봤다. 동태 눈알 직전의 눈망울에 생기가 돌았다.

이런 합의가 가능했던 건 우리가 날것의 혐오, 증오, 미움을 드러내도 서로의 비밀을 지킬 뿐 아니라 어떤 평가나 지적도 하지 않고 그저 같이 물고 뜯고 씹고 맛보는 막역한 사이였기 때문이다. 여차하면 서로가 아는 은밀하고 유치한 비밀을 온라인에 뿌려 사회적으로 매장시켜 버릴 거라는 협박에, 누가 먼저랄 것도 없이 "어이구 기운도 남아돈다."라며 맥주나 홀짝거릴 사이. P와 나는 그렇게 여전했다. 너무 여전해서 이제 그만 어른이 좀 되면 안 되겠냐고 타박할 지경이었다. 그런데 이런 여전함 덕분에 지금의 시간이 특별했다. 서로 분명 달라진 부분이 있고, 그걸 발견하면서 새로운 모습을 업데이트했음에도. 그 점이 안심됐다.

우리는 테이블 위에 소재를 두고 비난과 악담, 저주를 퍼붓기 전에 서로 몇 가지 규칙을 정했다. 본격적으로 이야기가 시작되면 제정신이 아닐 수도 있으므로.

쏟아내는 울분을 논리적, 이성적으로 해석하지 않는다. 옳고 그름을 판단하지 않는다.
맥주는 마음껏 추가 주문한다.

싫은 마음을 쏟아내는 건 일종의 구토였다. 숙취가 심한 상태에 속을 게워내는 일은 그 자체만으로 얼마나 시원한가! 험담을 털어놓는 일은 혼자 중얼거리는 것과는 그 홀가분함이 비교 불가다. 하지만 그런 사람을 어디 만나기 쉬운가 말이다. 우리는 그 소중한 기회를 잡았다. 서로의 울분과 찌질함, 유치함, 억울함이 담긴 온갖 싫음을 마음껏 토하도록 서로의 등을 토닥이고 공감하는 데 적극적이었다. 끝없이 넓은 백사장처럼 펼쳐진 싫은 사람의 싫은 점들을 종알종알 말하다 보니 오묘한 패배감이 들었다. 뒷담화하지 말라는 윤리 도덕을 교육받고 자란 사람임에도 당사자 없는 자리에서 뒷말하는 사람이 되었고, 자리에 없는 사람을 추켜세워 주는 이가 멋진 거라는 사회적 비공식 정의에 따르면 대외적으로 내가 몹시 못난 사람이 된 데서 오는 굴욕이었다. 이런 시스템 안에서 P와 나는 서로의 안전 기지가 되어 줬다. 그 안에서 제멋대로 날뛰는 동안 패배감이 해방감으로 바뀌어 후련하게 훨훨 날았다.

음식을 기다리며 이 맥주가 낫네, 저 맥주가 낫네, 날씨가 어쩌고, 자리가 저쩌고 하며 본론으로 들어가기 전 뜸을 들였다. 마구 까기 할 이야기에 대한 기대감이 점점 오르던 중 드디어, 500ml 긴 유리잔을 가득 채운 레드락 2잔과 튀긴 대구 요리, 감자칩이 테이블에 서빙됐다. 우리는 얼른 잔을 들어 건배를 했고 단숨에 절반을 들이켰다. 맥주가 목구멍을 매끈하게 씻어주며 별별 이야기가 지나갈 통로가 마련됐다. 자, 이제 맥주도 마셨겠다, 이야기의 규칙도 정했겠다, 서로의 뒷담화 대상을 털어놓을 순간. 내가 먼저 운을 뗐다. "일단 나부터 얘기할게. 참고로 어떤 연민도 뭣도 생길 일 1도 없으니까 내가 그 사람을 새롭게 본다거나 뭐, 인간적으로 좋아하게 될 가능성도 완전 제로야, 제로! 그러니까 안심하고 들어봐." P는 꼬았던 다리를 풀어 자세를 고쳐앉고 "응, 알았어. 뭔데 뭔데?" 혈색 도는 얼굴을 들이밀었다. "내가 지난번에 말했던 그 사람 말이야." 누군지 퍼뜩 떠오른 P가 "아~ 기억나. 그 인간. 여전히 그따위야?" 물었고, 나는 되받았다. "왜 아니야. 아우, 정말, 싫어서 미쳐 버릴 것 같아! 왜냐면 그게……."

손님으로 가득한 2층 테라스 자리에서 우리는 서로를 향해 몸을 기울인 채 속삭였다. 그 자리에 없었다면 결코 알 수 없을, 누구도 알면 안 될 이야기가 속닥속닥 이어졌다. ☺

Week 4
귀여운 절망

DAY 22

반짝반짝 유리 자갈

×	미용실 가기 실패

Weekly Failure Planner

미용실에 가지 못한 지 2년. 그 사이 머리카락은 쭉쭉 자라 샴푸를 하면서 목이 뻐근해지는 지경에 이르렀다. 맨 아래 갈비뼈 부근까지 자란 머리를 움켜쥐고 들어올렸다. 티셔츠 목 부위를 이리저리 늘이며 피부를 살폈다. 아직 상처가 많았다. 머리를 자르려면 미용사에게 만신창이가 된 목덜미를 보여야 하는데, 자신이 없었다.

마음이 불안정해지면 피부를 뜯었다. 뒷덜미, 가슴과 쇄골 사이, 어깨 전체에 걸쳐. 머리카락과 옷으로 가릴 수 있는 부위였다. 오랫동안 아무도 몰랐다. 손톱으로 피부에 상처를 내고, 피가 멈추면 다시 손을 댔다. 아물기 전에 상처 나길 반복한 피부는 점차 얼룩덜룩 연회색으로 변색되었고, 질 나쁜 가죽처럼 거칠고 두꺼워졌다. 샤워를 하거나 옷을 갈아입을 때, 알몸인 채 거울을 보면 산수유 열매처럼 붉고 작은 흉터부터 라이터 불이 지나간 그을음 같은 흉터들이 길바닥에 짓이겨진 벚꽃처럼 가득했다.

보드랍고 매끄러운 살갗이 메마르고 험해지는 일과 몇 개의 사고가 시간의 궤를 같이하며 일어났다. 그중 나를 주저앉힌 건 2019년 초봄, 밤 10시 26분에 걸려온 어머니의 전화였다. "부엌에서 칼을 꺼내가꼬는 낼

죽인다꼬 난리를 부려가 내 지금 옥상에 있다 아이가." 여전히 두 분이 서로에게 그럴 수 있다는 사실이. 내게 미처 전달되지 못한 일들이 어쩌면 태산 같을 거라는 예감이. 그 두 가지가 날선 돌이 되어 연거푸 나의 머리를 세차게 내리쳤다. 머리 한편이 움푹 패였다. 머리카락과 살점이 뜯겨져 나가고 뼈가 드러났다. 통화 속에 갇힌 나는 팔을 들어 얼굴을 가릴 틈 없이 내게 달려드는 수많은 돌을 받아내야 했다. 폭우같이 쏟아지는 하소연을 무력하게 맞는 동안 얼굴에 핏기가 가시고 한기가 들었다. 이윽고 말이 잠시 그친 틈을 타 내가 같은 편이길 바랐을 상대에게 말했다. "엄마, 옥상 문을 잠그고 112에 전화를 해요. 아니면 1366번으로 전화를 해. 내가 하길 원하면 지금 말해요." 그날 밤 통화 이후, 불면과 공황 발작이 찾아왔다. 그때 알았다. 어떤 신호가 켜졌다는 걸. 신호는 내게 말했다. '이제야 발을 뺄 때가 온 거야. 뭔가 해야 해!'

예술인 협회에서 지원하는 심리 상담 프로그램이 있다. 1주에 1회, 총 12회로 진행됐고 처음 받아 본 치료였지만 담당 선생님의 치료법과 나의 성향이 잘 맞았다. 자기 문제를, 그것도 근본적인 부분을 스스로 고치려는 건 남들이 다 보는 광장에서 제 뺨을 수없이 구타하는 기분이었다. 나약한 내가 드러날수록 괴로웠고, 그때마다 자신을 다시 포장하기 위해 갖은 애를 썼다. 보잘것없는 자신을 포장 속에 깊이 숨길수록 수치심이 깊어졌다. 포장이 만드는 안정감은 진짜가 아니었고, 나는 그걸 감출 여력이 없었다. 전에 없던 수치심을 경험하면서 그 이상의 인내가 필요했고, 포기하려는 나와 이겨내려는 나와의 다툼에 맥없이 나동그라지기 일쑤였다. '그럼에도 불구하고 나는 씩씩하게 해내고야 말았어!'라고 명랑하게 쓰고 싶지만, 당시 내 상태에선 망상이었다. 그렇게 아등바등하며 알아낸 건 발이 박힌 웅덩이가 대충 무엇인지, 겨우 그 정도였다. 나는 나를 믿고 싶었다. 부끄럽지 않은 사람, 믿음직한 사람, 그런 자신이길 바랐다. 그러기 위해 내게 무슨 일이 일어난 건지 알아야 했다. 처음 만났던 상담 치료 선생님에게 다시 연락을 했고, 추후 120회의 심리 치료가 이어졌다.

드라마 <조용한 희망(Maid)>에서 주인공 알렉스는 청소 일을 한다. 청소 업체에선 특수한 장소(고급 저택, 무단 점유 주택, 사망자가 나온 집 등)의 청소 일을 알선하는데, 한번은 '맨발의 빌리'라는 유명한 도둑의 엄마가 죽은 집을 그녀에게 맡긴다. 그 집 곳곳엔 아이를 가둔 학대의 흔적이 만연했다. 그러다 방 한편에서 습기에 불어 꽉 닫힌 나무문을 발견한다. 쇠 지렛대로 문을 뜯어보니 작고 좁은 공간이 나왔고, 그녀는 라이

터만 든 채 그 안으로 들어갔다. 벽면 가득 아이가 그린 무서운 그림들을 보다가 갑자기 쾅 닫히는 문. 알렉스는 공황 발작을 일으켰다. 그녀는 자기 기억과 작고 좁은 공간 사이 연결 고리가 있음을 직감했다. 이후 그것이 무엇인지 찾아 나섰고 결국 발견했다. 그녀가 찾아낸 사실은 현실의 문제를 해결해 주지 않았지만, 적어도 자신이 겪은 일을 바로잡게끔 했다. 우연이긴 해도 종종 왜곡된 자기 경험을 바로잡을 기회를 만날 수 있지만 대부분 붙잡지 못한다. 그 과정이 상당히 고통스럽기 때문에. 하지만 알렉스는 괴로워하면서도 그만두지 않았다. 주위에서 그만두기를 회유하거나 강요해도 끝까지 제대로 알기를 포기하지 않았다. 자기 신념을 견고하게 지켜나가는 자세, 바로 용기다.

나도 용기를 갖고 싶었다. 그러기 위한 토대로 나는 나를 동정하고 연민하기로 하면서 자신을 지지하고 안쓰러워했다. 에인 마음을 낱낱이 끄집어낼 수 있다면 어떤 모습이 되든 상관하지 않았다. 나약하고 무력해진 나를 무작정 돌보고 싶었다. 나를 먹이고, 뉘이고, 입히고, 쓰다듬거나 간혹 불쌍하게 여기며 자신을 보호했다. 그런 내가 좋았다. 누가 도와주기만 바라지 않고 다리에 힘을 주어 자기 힘으로 똑바로 걸으려 하는 내가 기특했다. 조개처럼 입을 꽉 다물지 않고 틈만 나면 볼썽사납게 울어서 맘에 들었다. 분노는 나의 힘이 아니었다. 분노는 분노일 뿐 실제 내게 힘이 된 건, 분노로부터 자신을 대하는 마음가짐, 이를테면 상처 준 자들도 이유가 있었을 거라는 어설픈 논리로 이해해야 할 자신보다 엉뚱한 대상을 이해해 버리는 가짜 어른이 되지 않겠다는 다짐이었다. 또한 퍼질러 앉아 마음껏 울고 툭툭 터는 모습이었다.

본가는 관광지라고 하기엔 규모가 작았고, 동네 해안가라고 하기엔 외지인들이 제법 오는 바닷가에 있었다. 하루는 본가에 들러 한적한 오전에 해변 산책을 했는데 겨울과 봄이 오가는 시기라 얼굴이 시렸다. 파도 끝에 돌들이 와그르르 왔다가 데구루루 쏠려가길 반복했다. 좀 더 가까이 다가가 들여다보니 파랗고, 하얗고, 노르스름한 유리 자갈이 저들끼리 다글다글 모여 이리저리 구를 때마다 꺄르르 꺄르르 했다. 바다는 뾰족한 유리 조각을 껴안고 쓰다듬어 동글동글 부드럽게 만들었다. 얼마나 오래 걸렸을까? 얼마나 많이 깎여 나갔을까? 예리하게 부서진 나의 마음도 그렇게 만들고 싶었다. 주머니에 넣고 다니며 만질수록 기분이 좋아지는 반짝이는 보석으로 말이다.

눈을 질끈 감고 커트 예약을 잡았다. 2년 6개월 만에 미용실 문을 열었다. 미용사는 미역처럼 검게 드리워진 나의 머리채를 잘랐고 상처로 뒤덮힌 목덜미가 한낮처럼 드러났다. 거울에 비친 그녀의 얼굴에 놀란 표정이 스쳤다. 커트 도구를 챙겨 오며 그녀는 예민한 피부 관리법에 대해 알려 줬고, 샴푸를 해주면서 자기도 피부가 엉망이라 관리하는 데 시간과 돈을 얼마나 쓰는지 모른다며 경쾌하게 웃었다. 그녀는 나의 목 뒤를 뒤덮은 상처의 이유를 묻지 않고 자신의 경험(진짜인지 아닌지는 중요하지 않다)을 빗대어 나를 위로했다. 그녀의 마음이 전해졌다. 그건 마치 심장과 심장을 맞대고 있는 것처럼 생소하고 뜨거웠다. 얼굴을 뒤덮은 머리카락 아래에서 나는 두 번 울음을 삼켰다. 미용실에 앉아 있는 동안 나는 바다에게 안겼다. 나의 깨진 유리 조각 위로 따뜻한 파도가 다정하게 오갔다. 뒷덜미 머리카락을 다듬을 때 유달리 조심스러워지는 손길에서. 사람들은 남의 상처에 크게 신경 쓰지 않는다는 말에서. 커트가 예쁘게 됐으니 오늘 행복할 거라는 말에서. 뾰족한 모서리가 자분자분 바스러졌다.

집으로 돌아와 거울 앞에 섰다. 뒷덜미를 작은 거울로 비춰 보니 거뭇해진 피부 위로 얼마 되지 않은 상처가 몇 군데 보였다. 굳은 핏방울 위로 맺힌 진물을 가만히 응시했다. 남은 상흔의 앞날은 어떻게 달라질까? 딱지가 생기고, 속살이 돋고, 딱지가 떨어지고, 새살이 드러나고. 내가 방해하지 않는다면 분명 나아지고 흐려지겠지. 하지만 정말 그렇게 될까? 그때까지 참을 수 있을까? 연달아 던진 물음표는 질문이 아닌 격려였다. 나의 존재 방식을 더 나은 것으로 만들기 위한 애씀이 자주 어렵고 가끔 귀찮긴 했어도 할 만했던 건, 제자리인 것 같아도 조금씩 앞으로 나아가고 있다는 확신 때문이었다. 거울에 비친 흉터를 더 자세히 보았다. 날카로운 상처들이 노랗고 붉고 푸르게 반짝이는 투명한 유리 자갈로 변하고 있었다. ☺

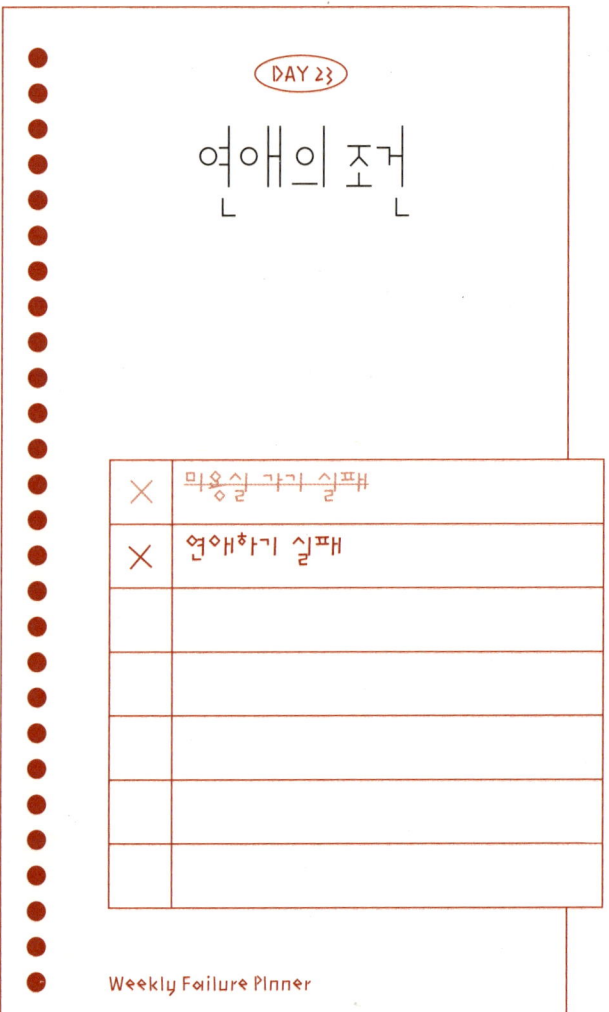

(DAY 23)

연애의 조건

×	~~미용실 가기 실패~~
×	연애하기 실패

Weekly Failure Planner

7월 초, 후암동 카페 콤포타블 남산. 이직을 앞두고 한 달 정도 휴식기를 갖고 있던 D를 만났다. 아마도 이전 직장에서 벌어진 복잡한 문제에 관한(따지고 보면 인간관계) 이야기를 하려는구나 예상했다. 그런데 막상 만난 자리에서 D는 있지도 않은 여자 친구 얘기를 꺼냈다. 요식업에 종사하며 패션에 관심이 많아 꾸미고 즐길 줄 아는 D는 먹고 마시고 노는 일에 센스가 있었고 꽤 인기가 좋았다. 그런 그가 5년이나 싱글로 지냈다는 말에 흠칫, 적잖이 놀랐다. 게다가 한 달 간 이어진 네 번의 소개팅에 연거푸 실패했다니, 어째서?

"아니, 멀쩡하게 생겨서 왜 연애를 안 해?"
"선배, 누가 안 하고 싶대요?
 조건이 붙으니까 그런 거지."
"왜? 두 번 정도 만나니까 결혼하재?"
"이게요, 아, 일단 주문. 뜨아 맞죠?
 디저트는 제가 알아서 시킬게요."

D는 아메리카노 1잔, 라떼 1잔, 망고 케이크 1조각, 얼그레이 까눌레 2조각을 주문했다. 티슈 3장과 물 2잔을 들고 자리로 돌아와서 다시 말을 이었다.

"아무리 비혼이다, 연애만 해도 된다, 그렇게들 말하

지만 선배, 그건 다 미디어용이야. 저 38살이잖아요. 아직 괜찮다고 생각했거든요? 서로 좋으면 만나고 아니면 헤어지겠지, 그랬단 말이죠. 근데 지금 소개팅도 네 번 했으니까, 그러고 보니 꽤 했네. 아무튼, 해 보니까 현실은 달랐던 거예요. 호감은 있어요. 다들 자신감 있고 귀엽고 예쁘고 일 잘하고 취향 맞고 좋았어. 나만 좋았던 것도 아니었다니까요. 근데 어느 정도 대화를 하잖아요? 그럼 서로 아는 거지. 연애만 하기엔 그렇고, 결혼을 아예 약속하고 만나는 것도 너무 부담인 거야. 선배는 결과를 정해 놓고 이제부터 연애 시작! 이러면 할 수 있어요?"

대답을 기다리는 질문이 아니었다.

"넌 어떤데?"
"전 조건이 붙는다는 게 아무래도 싫어요. 따지고 보면 조건도 아니죠. 그냥 통보야, 이건."
"조건이라는 게 결혼이야?"
"그렇죠. 결혼할 수 있으면 사랑해도 되고, 아니면 마음도 접어야 하는 건가?"
"그냥 만나면 안 된대?"
"그러니까요. 복잡해요. 복잡할 게 없는데 복잡한 것 같아서 별로야."

주문한 메뉴가 나왔다. D는 내 앞에 아메리카노, 자기 앞에 라떼를 놓고 케이크와 까눌레를 가운데 두고선 까눌레를 작은 칼로 4분의 1씩 갈라 눕혔다. 이야기는 밀려 있고, 주어진 시간은 한정적이었기 때문에 D의 말에 속도가 붙었다. 기민하게 움직이는 손을 따라 이야기는 빈틈없이 이어졌다.

"저, 지난주에 만난 사람은 정말 좋았어요. 적당히 괜찮다를 좀 넘었어. 두근두근 그걸 느꼈다니까요. 그러니까 그냥 연락하게 되더라고요. 그 주에 밥도 먹고, 카페도 가고, 거기 있잖아요, 연남동에 있는 맥줏집, 거기도 갔어요. 내가 맘에 안 들었다면 거절하겠지 했는데 잘 받아주더라고요. 근데 세 번째 만나려던 날 톡이 왔어요. 만나기 전에 확실하게 하고 싶다고. 진지하게 만나는 거냐고. 저이 지점에서 정말 고민 많았어요. 소개팅했던 다른 사람들도 비슷하게 물어보던데 다 거기서 끝났거든요. 근데 이 사람한테는 고민이 되는 거지."
"왜 다른 사람들에게는 거절했는데?"
"너무 노골적이었달까……좀 그랬어요. 연애가 아니라 중매 느낌이 확 들어서. 그리고 그걸 넘어설 만큼 좋은 게 아니기도 했고. 근데 이 사람도 그런 뉘앙스가 있었는데 이번엔 고민이 됐거든요."

"그래서 뭐라고 했어?"
"만나고 싶다고 했어요. 그리고 물었죠. 당신은 어떠냐고."

나는 두 사람의 대화창이 된 것 같았다. 삐끗하면 저 아래 낭떠러지로 떨어질 것 같은, 까딱하면 가느다란 줄이 '팟' 하고 끊어질 것만 같은 긴장감으로 메시지 너머의 서로를 탐색하는 시선이 느껴졌다. 한 문장이 뜨면 잠시 시간이 흐르고, 다른 말이 뜨면 또 잠시 시간이 흐르며 절로 숨죽이게 만드는 긴장감. 나는 상대가 무슨 답을 했는지 궁금하지 않았다. 그녀가 무슨 대답을 하든 D가 어떻게 할지 그게 더 궁금했다.

"그 사람이 뭐랬어?"
"그러고 싶은지 아닌지 모르겠다고."
"묘한 말이다."
"그쵸? 싫으면 싫은 건데, 만나고 싶은지 아닌지 모르겠다니. 그걸 어떻게 몰라요?"
"넌 그래도 만나고 싶지?"
"저요?……선배, 우리가 진짜 오랜만에 봤잖아요. 2년 넘었나? 그리고 난 저번 회사에서 진짜 열불나는 일 때문에 뛰쳐나오기도 했고. 여기 대해서도 할 얘기 엄청 많은데 지금 선배 만나서 2시간 가까이 여자 얘기밖에 안 했어요. 그리고 선배 이야기는 듣지도 않았잖아. 하하하하하하 그러고 보니까 나 진짜 웃긴다. 이 정도면 뭐……만나고 싶은 거죠."
"그럼 만나."
"……나 결혼 생각 없는데."
"그냥 만나. 인생은 수습이야. 대비 같은 거 없어, 그냥 대응하는 거지."

D는 갑자기 조용했다. 빈말로 대답하고 싶지 않은 눈치였다. 강렬한 호감과 이 마음을 나누고 싶은 사람과의 관계를 꽤 깊게 고민해 본 것 같았다. 그녀에게 연락해야 할 시점에 나를 만나고 있는 것으로 봐서 복잡하지 않은 일을 복잡하게 만드는 데에 D도 한몫하고 있었다.

"지금 문자해. 나랑 4시에 헤어지니까, 4시 30분에 만나자고 하면 되지 않아?"

D는 라떼를 마시다 말고 새파란 얼굴로 말했다.

"네에? 안 돼요. 갑자기 당일 약속도 그렇고, 시간이 안 될지도 모르고. 그리고 만난다 해도 무슨 말을 하라고요."

23.   연애하기   실패

"나도 모르지. 그렇지만 만나. 3분이든 10분이든. 오늘 내가 커피 샀으면 그냥 갔을 텐데, 얻어 마셨으니 커피값 하는 거야. 그러니까 나 가고 나면 꼭 연락해."

연애는 둘만의 나라를 만들어 그 안에서 떠들고, 장난치고, 토라졌다가 맥락 없이 깔깔대는 어린아이로 남을 수 있는 퇴행의 세계다. D에게는 그런 세계가 절실해 보였다. 연애하고 싶다는 그의 말이 누군가의 앞에서 거침없이 울고, 웃고, 속말을 드러내고, 받아들여지고 싶다는 말로 들렸다. 그녀를 만나고 싶은데 그렇지 않은 척하느라 D는 묘하게 어색한 분위기를 만들었다. 약은 고양이가 밤눈 어둡다고, D가 그랬다. 대화가 끊긴 틈을 타 우리는 디저트를 먹었다. 망고 케이크에서 생크림을 쓸어내며 말했다. "연애하고 싶다며. 어서 문자해." 반 잘린 까눌레의 판판한 부분을 포크로 쿡쿡 찌르던 D가 답했다. "아, 그래도……." 이미 식어 버린 아메리카노를 들이켜고 다시 말했다. "생각만으로 되는 건 아무것도 없어. 움직이라고. 그래야 다음이 있지." 까눌레를 찌르던 포크를 놓으며 D는 말했다. "그게……알았어요. 일단 그래 볼게요." 연락을 해 보겠다는 건지, 어떻게 하겠다는 건지 묻지 않았다. 커피를 마저 들이켜고 카페를 나왔다.

D는 고민과 기쁨의 경계면을 서성였다. 그 경계가 얼마나 무너지기 쉬운지 그는 알고 있을까. D가 그녀에게 폭 안겨 투덜거리다 징징 우는 모습을 상상해 보니 고민에서 기쁨으로 폴짝 넘어가지 않을 이유가 없었다. 그녀와 함께하고 싶은 마음이 절절하다면 경계는 알아서 무너지겠지. 그렇게 두 사람이 서로의 어린이가 되길 바라며 지하철역으로 향했다.

(후기) D는 이전 직장의 경쟁사로 스카우트되어 이직했다. 소개팅은 다섯 번째로 끝났고, 6년째 싱글로 지내고 있다. 우리는 개기 일식처럼 만나 왔으니, 이후의 이야기는 2년 후에야 들을 수 있을 것 같다. ☺

귀여운 절망

✗	~~미용실 가기 실패~~
✗	~~연애하기 실패~~
✗	성공하기 실패

Weekly Failure Planner

끝장나고 사라지고 놓친 무언가에 대해 띄엄띄엄 생각해 보았다. 그러다 점점 거대한 절망으로 빠지는 것 같아 그 반작용인 가볍고 구체적인 절망을 찾아보고 싶었다. 끝장나긴 했는데 썩 괜찮고, 사라져 버렸지만 그다지 고통스럽지 않은 절망을. 그런 걸 절망이라고 부를 수 있을까 싶지만, 아무튼. 이런 절망은 어떨까? 절망이라고 부르기에 주저할 정도로 아주아주 아주 작고 작고 작은, 참깨 반쪽 만한 절망. 누구에게 말하기도 민망하지만 나에게만큼은 분명한 새끼손톱 옆 거스러미 같은 별 볼 일 없는 절망. 이런 것들이야말로 무시해도 좋을 만큼 시시해서 대놓고 웃을 만한 절망이지 않을까. 그간 사금 찾듯 참깨 반쪽짜리 절망을 한 톨 한 톨 찾아보았다.

① 바닥에 떨어뜨려 액정이 '살짝' 깨진 스마트폰
② 드라이버 구멍이 망가진 나사
③ 옆으로 기울어진 소프트아이스크림
④ 짝짝이로 쪼개진 나무젓가락
⑤ 손잡이가 떨어져 나간 참치 캔
⑥ 앞선 5번의 캔을 열다가 개수대에 쏟아 버린 참치
⑦ 컵 밖으로 왈칵 쏟아진 우유
⑧ 한쪽이 크게 나뉜 쌍쌍바
⑨ 뒤집다가 찢어진 계란프라이 흰자
⑩ 옮기다가 터진 계란프라이 노른자

24.　　　　　성공하기　실패

⑪ 너무 일찍 보낸 고백 문자
⑫ 다이어트 중에 맡은 새우튀김 냄새
⑬ 새해 다이어리에 처음 쓴 작년 연도
⑭ 비밀 글로 써야 했던 공개 글
⑮ 금주 중에 본 맥주 광고
⑯ 한 입 먹자 쟁반에 떨어진 햄버거 패티
⑰ 지나간 맥도날드 애플파이 판매 기간
⑱ 어제 사용 종료된 쓰지 않은 쿠폰
⑲ 열지 못한 파스타 소스 통
⑳ 자리로 가져오다 흘러넘친 커피
㉑ 봉지를 털다 얼굴에 쏟은 과자 부스러기
㉒ 젓가락으로 집으려다 튕겨 나간 메추리알
㉓ 오프너로 열다가 와인 속으로 빠진 코르크

금주 중에 본 맥주 광고라니! 일정 기간 맥도날드 애플파이를 먹을 수 없다니(난 애플파이 덕후)! 아아, 세상에! 사건은 작지만 후회와 상실과 괴로움과 맥빠짐이 오밀조밀 알차게 들어 있다. 이건 분명한 절망이었다. 그런데 너무 작아서 귀여웠다. 그 주위를 조그만 내가 빙빙 돌며 발을 동동 구르고 꺄악꺄악 탄성을 지르며 어쩔 줄 몰라 했다. 작은 절망을 보면 볼수록 안쓰럽고 사랑스럽다가 애틋해져 마침내 푸핫 웃음이 나왔다. 견딜 만하고 볼만한 종류의 절망이 갖춘 매력은 바로 이런 것이다.

콘 부분이 덜 채워진 비뚜름한 소프트아이스크림을 보며 어떻게 피식하지 않을 수 있나? 한 입 먹자마자 툭 떨어진 햄버거 패티를 보면서 어떻게 '아이고 하핫' 하지 않을 수 있냔 말이다. 손잡이가 덜렁 떨어져 나간 참치 캔은 또 어떻고. 작은 절망은 보통 귀여운 게 아니었다. 뜬금없이 벌어진 일에 황당해하는 틈을 타 귀여움이 불쑥 들어왔다. 형형하게 치켜뜬 눈으로 손아귀에 힘을 준 채 바들바들 용을 쓰던 나를 단숨에 무장해제시켰다. 긴장하고 집중하고 성공시키려 애를 쓸수록 작은 절망의 귀여움은 극단적이었다. 터질 듯 말 듯 아슬아슬하게 부푼 스트레스를 쪼끄마한 절망이 단번에 펑 터트릴 때의 낙차, 거기서 샘솟는 찰나의 쾌감이 상당히 좋았다.

작은 절망이라도 그전엔 온 마음을 다하는 열망이 있었다. 캔 뚜껑을 반드시 열겠다는 각오가. 계란프라이의 노른자를 터뜨리지 않겠다는 결의가. 사소한 일에 진심을 다하다 삐끗한 순간, 작은 절망의 귀여움을 만났다. 그건 경직됐던 마음을 간질였고, 나는 여지없이 깔깔대며 편안해졌다. 귀여움이 세상을 구한다는 말은 진짜였다. ☺

DAY 25

나만 어어 고야이
ㄴ 밥ㅅ ㅇ

✕	~~미용실 가기 실패~~
✕	~~연애하기 실패~~
✕	~~성공하기 실패~~
✕	입양하기 실패

Weekly Failure Planner

나에겐 고양이가 있었다. 고양이는 제 삶을 살다 죽었다. '식구가 죽었다.' 이 짧은 문장에 매달린 슬픔의 무게를 설명할 방법도, 지탱할 도리도 없었다. 쇄골과 가슴 사이를 뜨거운 인두로 지진 것 같았다. 뜨거움은 가셔도 자국은 선명하게 남았다. 어쩌겠어. 사랑이 이런 거지.

있다가 없어진 존재. 이 차이를 분명히 알 수 있는 말이 필요했다. '죽었다'라는 말은 그의 부재에 대한 현실감을 찾을 수 있도록 도왔다. 무지개다리를 건넜다, 하늘나라에 갔다, 좋은 곳에 갔다, 그런 완곡한 표현으로는 생과 사의 차이를 제대로 알 수 없었다. 존재가 사라졌다는 걸 적확하게, 지속적으로 자신에게 알려야 했다. 그러지 않았다면 나는 죽음을 가리키는 모호한 표현 사이의 작은 빈틈을 비집고 들어가 영영 돌아오지 않을 다른 차원으로 사라졌을지도 모른다.

우리는 자주 옷방에 있었다. 내가 옷장에 등을 대고 앉아 책을 펼치면, 녀석은 가로로 긴 옷걸이 아래에 자리했다. 책을 읽다 종종 녀석을 쓰다듬고 말을 걸었다. 그러면 녀석은 내 다리 위에 고개를 괴거나 등을 붙여 잠들었다. 그렇게 10년을 같은 자리에서 살았다. 고양이가 죽고 책 자리를 잃었다. 집에서는 서서 읽거나 싱크

대에 기대 읽거나 아예 읽지 못했다. 1년이 지나고 나서야 다시 옷장에 등을 대고 앉을 수 있었다. 가만히 앉아 녀석이 없는 판판한 자리를 봤다. 순간 자리 어딘가 움푹 패인 것 같고, 그 모양이 녀석의 통통한 형태인 것 같고, 얼핏 하얗고 검은 덩어리가 움직이는 것 같고. 무언가 없는 듯 있는 것 같은 자리를 보고 있으니 볕에 말린 포근한 이불 냄새가 났다. 쓰다듬으려 하면 손바닥에 녀석의 등허리가 만져질 것만 같은, 사실이 아니지만 그렇게 믿고 싶은 마음. 아주 잠시, 공간이 휘고 냄새가 나고 온도가 달라졌다. 내장에 고인 눈물이 숨 쉬는 리듬에 맞춰 차오르다 입 주변을 거쳐 광대뼈 부근에서 찰랑거렸다. 눈물이 만든 파고가 졸랑거리며 표정을 일그러뜨렸지만 울지 않았다. 넘치기 전에 제 스스로 잔잔해지며 슬픔이 편안해졌다. 이런 때를 기다렸지만 기다리지 않기도 했다. 슬픔에서 벗어나길 바라면서도 더 오래, 더 깊게, 회복하지 못할 정도로 슬퍼하고 싶었다. 녀석을 사랑했다는 사실을 느끼는 데 있어 고통만큼 분명한 게 없었기 때문에.

시간은 계절의 모습을 바꿔가며 흘렀다. 내 생애 모든 계절을 함께 나지 않았는데도 녀석이 없는 겨울, 봄, 여름과 가을이 전부 처음인 것 같았다. 집에서, 카페에서, 지하철과 버스에서, 걷다가, 뛰다가, 졸다가. 언제 어디서든 깨어 있는 동안 거대하게 일렁이는 그리움을 맨눈으로 지켜봤다. 낮에도 여전히 어둠이 있었지만 썩 지낼 만했다. 다른 사람들과 담담히 인사를 나눴고, 차를 마시거나 식사를 함께하며 괴롭지 않은 정도의 슬픔은 꺼낼 수 있게 됐다.

일주일에 두어 번 동물 보호 단체와 보호소의 입양 공고를 살폈다. 일주일에 한 번, 동물권 단체에 봉사 활동을 가서는 구조된 개와 고양이들을 돌봤다. 어디서건 저마다의 사연으로 입양을 기다리고 있는 고양이가 난감할 정도로 많았다. SNS 피드는 이미 고양이 알고리즘으로 꽉 찼고 넘쳐나는 고양이들을 매일 둘러보며 함께 살 고양이를 찾아 헤맸다. 사진과 영상을 볼 때마다 안고 싶고, 쓰다듬고 싶고, 팔에 뉘여 재우고 싶고, 당장 달려가 들쳐업고 싶으면서도 어딘가 내키지 않았다. 움푹 패인 도로를 달리는 자동차처럼 입양 정보를 훑으면서 수시로 덜컹거렸다. 새로운 고양이를 찾으면서도 녀석을 떠올렸고, 마지막 숨을 넘기던 순간이 오버랩됐다. 슬픔보다 약간의 겁이 났다. 나는 녀석이 없는 자리를 허겁지겁 채우려 하면서도 다시 또 다른 죽음을 지켜볼 자신이 없었다. 입양 공고 보는 일을 멈췄다.

너 없이도 잘 살겠다고 읊조렸다. 너를 보던 자리에 다시 앉아 가만히 책을 읽어 보겠다고, 너를 안을 수 없다고 그리워만 하지 않겠다고, 백야 같은 존재에게 책임을 담아 말했다. 하고 싶은 말이 생기면 속으로 몇 번의 퇴고를 거친 후, 경고음이 뜨지 않는 선에서 말하려고 애쓰는 사람이. 우리가 더는 서로의 손을 잡을 순 없지만 너와 나의 세계가 맞닿아 있다는 믿음을 품고서. ☺

25. 입양하기 실패

(DAY 26)

사주 면담

×	~~미용실 가기 실패~~
×	~~연애하기 실패~~
×	~~성공하기 실패~~
×	~~입양하기 실패~~
×	해결하기 실패

Weekly Failure Planner

꼬이기만 하는 일, 위태로운 인간관계. 이유를 모르겠고, 무얼 더 해야 하는지 알 수 없던 때. 바다에 떠 있는 부표가, 자판기가 뱉어낸 지폐가, 따뜻해도 버려지는 커피가 나와 다를 게 없다고 여겼다. 그럴수록 한편에선 꽤 괜찮은 인생, 잘 사는 인생이라는 말을 듣고 싶었다. 그것도 낯선 사람의 입을 통해서. 날 모르는 사람이 말해 주는 내 인생의 그럴듯함. 그런 격려를 원했다. 자연스레 사주가 떠올랐다. 그닥 관심 없던 대상이 불쑥 튀어나와 흠칫했지만 호기심이 생겼다. 이참에 한번 경험해 보는 것도 괜찮겠지.

집에서 멀지 않은 곳에 괜찮은 사주집이 있는지 샅샅이 뒤져 갈만한 곳을 찾았다. 왠지 "집에 대추나무 있지? 없어? 있으면 어쩔 뻔했어!"라는 말을 들으며 액운을 떨친다는 명목으로 쌀알 한 줌이 내 얼굴에 날아들 것만 같은 기분이 들었다. 사주 보는 일에 대해 신비하고 기괴한 이미지를 갖고 있었는데, 경험자들의 이야기를 들어보니 더욱 그랬다. 이런 애매한 이유로 실컷 사주집을 찾아 놓고도 선뜻 예약하지 못한 채 고민만 길어지길래 사주를 보려던 맨 처음 목적을 떠올렸다. '생판 남이 장담하는 나의 안녕을 듣고자 함.' 전화를 걸어 방문 날짜와 시간을 잡았다.

사주집 내부는 화려했다. 중앙에 10인 식탁 크기 만한 낮은 원목 테이블이 놓였고, 위로 금색 불상, 신선상, 선녀상, 코끼리 조각상, 책등에 한문이 쓰여진 책탑, 종이꽃, 촛농이 흘러 붙은 성인 여자 팔뚝 만한 두께의 긴 초 여럿, 쌀을 채운 향로가 있었다. 향로 위로 피어오르는 제수용 향 연기 뒤로 단을 높인 자리에 중앙에 놓인 것과 같은 원목의 폭이 좁고 긴 테이블과 두꺼운 1인용 앉은뱅이 가죽 의자가 놓였고 사주집 주인이 앉아 있었다. 손님이 사주집 주인을 살짝 올려보는 구조였다. 자기를 올려다보게 해서 손님이 사주를 믿도록 의도한 걸까, 잠시 생각했다. 내 자리에 놓인 방석은 빨강, 파랑, 노랑, 녹색, 4가지 색이 퍼즐 패턴처럼 있어 알록달록했는데 그 위에 앉으면 내 몸도 알록달록해질 것 같아서 묘하게 웃겼다. '신들은 왜 이렇게 화려한 걸 좋아할까? 무채색을 쓰면 신빨이 안 받는 건가? 그리고 에, 또……'

"거기 앉으시면 됩니다."

사주집 주인이 잡생각에 빠져 머뭇대는 내게 말했다. 알록달록한 방석 위에 똑같은 방석 하나를 더 얹어 앉았다. 답답했던 모든 걸 물어볼 작정으로 거금 5만 원을 냈는데 막상 와 보니 나에 대해 궁금한 게 몇 가지 없었다. '왜 이렇게 되는 일이 없을까?'의 '왜'만 쏙쏙 골라 물어도 한나절은 될 것 같았는데 당혹스러울 만큼 질문이 없었다. 다만 희한했다. 사주집은 이번이 처음이라 이 공간이 몹시 낯선데도 매우 편했다. 사주풀이는 됐고, 향냄새 맡으며 알록달록한 방석 위에 드러누워 한숨 자고 갔으면 싶을 만큼.

신점을 함께 보는 사주집 주인은 예상에서 크게 벗어나지 않은 내용을 자기만의 서사를 첨가해 각색해서 말했다. 이 시기엔 고생 좀 했겠네, 사주와 다른 선택을 했구만, 날삼재가 끝나가니 앞으로 편해질 일만 있을 거야, 그래도 더 빨리 편해지고 싶으면 비방을 쓰는 것도 방법이지 하면서. "궁금한 거 있으면 다 물어봐요." 언제쯤 돈을 잘 벌게 될지, 인기를 얻을지, 액운은 언제 오고 어떻게 막을지, 그런 건 궁금하지 않았다. 그런 걸 물어보러 오는 곳인데 그게 궁금하지 않으면 난 뭘 물어봐야 하나.

> "제가 하는 일이 그림 그리고 글 쓰는 건데요, 이것도 사주에 있나요?"
> "자기 팔자를 보면 원래 숫자 쓰는 일, 계산하거나 기획하는 쪽이 맞아. 회계사, 세무사, 아니면 건축이나 기계 설계, 그런 쪽에 운이 있어. 타고나길 조

심성 많아서 확실한 걸 좋아하고. 관운보다는 재물 쪽이 더 낫네."
"수학 좋아했어요. 서류 쓰거나 계산하는 것도 재밌고요."
"유학을 갔다 왔으면 직업이 달라졌을 거야."
"네, 근데 가만 보면 저는 사주대로 살진 않았네요?"
"그렇게 사는 사람은 별로 없어. 인생은 다 개척하는 거야. 사주는 참고하면 좋은 거고."

"인생은 다 개척하는 거야." 귓바퀴로 들어온 말이 달팽이관을 통과해 뇌를 울렸다. 하는 일마다 어그러지는 이유, 그럼에도 잘 살 거라는 격려를 저 한마디 말에서 전부 얻었다. 걱정과 근심과 염려로 구겨져 있던 미간이 '스륵' 하고 풀렸다. 예상하지 못한 지점에서 사주집을 찾아온 애초의 목적을 달성했다. 안 그래도 질문이 적었는데, 더는 물을 게 없었다. 조용히 앉아만 있으니 오히려 사주집 주인이 애를 태웠다.

"더 물어볼 건 없어요?"
"흠……네. 아직 시간이 있으니까 생각 좀 해볼게요."
"이건 물어보면 말해 주는 건데 손님이 마음에 들어서 그냥 얘기해 주려고."

내가 모르는 조부모와 그 부모, 반려자와의 궁합, 곁에 두면 좋을 사람과 피해야 할 사람, 귀인의 등장, 있지도 않고 앞으로도 없을 나의 자식에 대한 얘기가 줄줄 나왔다. 이야기가 길어질수록 사주집 주인의 기운이 솟는 게 느껴졌다. 그에 비해 나는 남의 이야기인 듯 심드렁하게 듣고 있었는데, 딱 한마디에 귀가 쫑긋했다.

"자기 인생 전반에 고란살이 있어."

그게 뭐냐고 물었더니 누굴 만나도 외로울 인생이라는 뜻이라고 했다. 외로움을 많이 느끼는 인생이라. 사주집 주인이 덤으로 끼워 준 이야기에 마음이 들썩였다. 그 외에 나의 사주는 무던했다. 질문을 해야 이야깃거리가 생길 텐데, 고란살을 듣고 난 이후로 아예 흥미를 잃었다. 사주집 주인은 독특한(인생살이 고달픈) 사주를 가진 사람들이 자기를 만나 어떤 비방을 썼고 고난을 이겨 냈으며 현재 얼마나 잘 살고 있는지를 자랑했다. 내가 그런 경험담에 혹해서 추가 서비스를 결제하는 성향이 아니란 걸 눈치챘을 텐데, 어지간히 말이 고팠는가 싶었다. 아니면 정말 영 몰랐던 걸까. 시간이 남았지만 더 물어볼 게 없어서 "이제 다 여쭤본 것 같네요." 하고 자리에서 일어났다.

26. 해결하기 실패

나는 소원하는 게 없었다. 사주집 주인이 말했던 염원하고, 기도하고, 정성을 들일 일은 건강, 명예, 권력, 재물, 인맥, 학식 따위였는데 어느 하나 그러고 싶지 않았다. 다만 한꺼번에 닥친, 직접 해결을 요하는 일들과 꼬여 버린 인간관계가 싫었다. 그것들은 책임지지 않으려 요리조리 피하는 나를 이리저리 잘도 찾아냈다. 일은 그만두고 싶었고, 관계는 잘라 내고 싶었다. 피곤한 마음은 더 피곤해졌고 결국 피곤한 몸을 만들어 어딘가에 팍 고꾸라지고 싶었는데, 가능하면 아무도 모르는 곳에서 낯선 이들 곁이길 바랐다. 그게 사주집 주인 앞일 줄 몰랐고, 쓰러질 요량으로 가선 도리어 두 주먹 불끈 쥐고 기운 차리게 될 줄도 몰랐다.

가게 앞 주차장에 서서 간판을 물끄러미 봤다. 외투와 머리카락에서 타오르던 향내가 풍겼고 사주집 주인이 조곤거리던 말이 흘렀다.

"자기 인생에 고란살이 있어. 하지만 인생은 개척하는 거야."

스스로 외로운 줄 알면 외로움이 문제되지 않고 어려운 시기를 관통하고 있다는 걸 알면 괴로움이 문제될 게 없다. 당연한 거니까. 사주집 안에서는 내게 타고난 것들이 시시했고, 밖으로 나와서는 타고난 것들 위로 쌓아올린 것들이 시시했다. 그게 무엇이든 비틀거린다면 그래, 일부러라도 무너뜨리고 다시 뭐든 쌓으면 될 일이지. 사주비 5만 원으로 얻은 말로 마음 뭉개던 일들이 잠시나마 별 게 아닌 게 됐다. 길고 깊게 숨을 들이마시고 내쉬었다. 뇌 주름 사이사이를 냉기가 훑고 지났다. "개척과 고란살, 개척과 고란살……." 두 단어를 두어 번 중얼거리며 외투 주머니에 손을 넣고 다시 걸음을 떼었다. 외로움을 잘 느끼는 팔자를 가진 사람이 날삼재를 지나며 아무것도 해결되지 않은 채 뒤엉켜 있는 자기 인생을 추위 속에서 씩씩하게 개척하는 중이었다. ☺

DAY 27

포코 아 포코

✕	~~미용실 가기 실패~~
✕	~~연애하기 실패~~
✕	~~성공하기 실패~~
✕	~~입양하기 실패~~
✕	~~해결하기 실패~~
✕	인정하기 실패

Weekly Failure Planner

꽤 긴 시간 그림이 마음에 안 들었다. 나는 무언가 놓치고 있었다. 그게 선인지, 색인지, 이야기인지 확신하기 어려웠다. 약속에 맞춰 보여야 할 그림이 있었고 어떻게든 그려 냈지만 그때마다 다른 사람 옷을 주워 입고 남 앞에 서는 기분이었다. 그릴 때는 이게 딱이다 했으면서 다음날이면 지우고 싶었다. 시간이 흐를수록 나는 변했고 그림은 그러지 못했으니 갑갑하고 불편한 느낌이 드는 건 당연했는지도 모르겠다. 그렇다고 내버려둘 수도 없으니 제대로 그리기 위해서라도 마음에 드는 스타일을 찾아야 했다. 선을 도톰하게 했다가 얇게도 했다가, 색을 가득 채웠다가 부분만 넣어 보기도 하고, 인물 간 대사를 없애거나 오히려 많이 만들며 나름의 시도를 해 봤지만 언제쯤 안착할지는 도통 알 수 없었다. 겉으로 멍해 보일 때에도 머릿속에선 난투극을 벌이며 전쟁을 치렀다.

스스로에 대한 믿음이 부족할 때면 오기와 자기기만이 그 자릴 채웠다. 부족한 자신을 인정하지 않으려던 데 대한 부작용이었다. 가볍게 대하면 가벼워질 일을 그렇게 대하지 못했다. 하나의 사건을 반복해서 들춰 보며 그때마다 켜켜이 쌓여 가는 감정으로 사실보다 더 심각하고 복잡하게 사건을 곡해하는 실수를 저질렀다. 괴롭기는 했지만 놀랍지는 않았다. 좋지 않은 경험을 과대 해석하는 경향이 있다는 걸 잘 알고 있었기 때문에.

누군가의 재능이 부럽고 탐났다. 갖기만 하면 나도 그들처럼 반짝이는 성과를, 결과를, 인기를 가질 것만 같았다. 하지만 노력 끝에, 때론 운이 따라 탐내던 온도에 닿을 때면 나는 쉽게 데이고 얼어붙었다. 내게 맞지 않은 온도였단 걸 알았지만 수차례 다시 시도했다. 미련한 줄 알면서도 미련한 짓을 계속하는 사람이라니. 왜 이런 일에 그토록 성실했을까.

나의 글과 그림이 누구에게 닿아 어떻게 해석될지 알 수 없었다. 그 생각을 하면 쓰고 그린 것을 선뜻 내놓기 어려웠다. 굵고 뾰족한 덩어리로 나온 것들을 체에 거르고 걸러 곱게 남긴 후에도 한참 주저하다 조금씩 꺼내었다. 엉성한 체망의 구멍이 촘촘해지기까지 여러 해가 필요했지만 걸러내는 일을 이어가는 데 시간은 크게 중요하지 않았다. 중요한 건 내가 이 일을 그만두지 않고 계속 해내는 것이었다. 착실하게 망쳐 온 선과 색과 글이 저들끼리 뭉쳐 쿰쿰하고 시큼하게 발효되어 어떤 새로운 맛이 날지, 과연 먹을 수는 있을지, 아니면 통째로 버려야 할지 미리 결정할 수 없었다. 가까이 바짝 붙어 보면 실패투성이에 비효율적이기까지 한 일이지만 무의미하지 않았다. 손에 쥐는 것 없이 공허만 있는 것 같아도 비어 있지 않고 언제나 가득 채워져 있었다. 그것은 앞서 말한 오기와 자기기만이거나 호기심과 가능성이기도 했다. 겉으로 보기에 마뜩하지 않은 마음이라 해도 그런대로 의미가 있어 다음 걸음을 재촉하기엔 부족함이 없었고, 시간이 흐르면서 대부분의 망친 일이 망쳐진 상태로만 있지 않다는 걸 알 수 있었다.

나는 나를 얼마나 모르고 있을까. 이 사실이 조금이라도 더 알고 싶다는 바람을 부추긴다. 누군가를 부러워한 것도, 부러운 지점이 내게 벅찬 걸 알면서도 어떻게든 닿으려 애를 쓴 것도, 어떤 결과물이 나올지 예상하지 못하면서 계속한 것도 아마 나를 더 알고 싶다는 그 바람 때문이었을 것이다. 나에 대해 여전히 모르는 게 많고, 앞으로도 모른다는 사실을 확인하는 여정이 줄곧 이어지겠지만 그럼에도 알고 싶다는 마음을 품고 스스로를 대하고 있다. 조금씩 다른 실패로 기억될 선을 긋고 글을 쓰며, 도무지 마음에 들지 않더라도 남김없이 끄집어내면서 ●포코 아 포코, 나아가고 싶다. ☺

● 포코 아 포코(poco a poco): 악보에서 다른 말과 함께 쓰이면서 '조금씩', '서서히'라는 의미를 갖고 있음.

다음 실패를 위하여

DAY 28

×	~~미용실 가기 실패~~
×	~~연애하기 실패~~
×	~~성공하기 실패~~
×	~~입양하기 실패~~
×	~~해결하기 실패~~
×	~~안정하기 실패~~
×	실패하지 않기 실패

Weekly Failure Planner

실패했을 때의 목표는 하나. 다시 실패하지 않는 것. 하지만 이미 지나간 일들을 포기할 줄도 몰랐고, 잘못된 결과를 인정하지도 않았다. 이쯤에서 실패하지 않기를 지속적으로 실패하는 자신에 대해 생각해 보자.

실패를 거듭하며 나의 지혜는 더디 자랐지만 경험과 잔머리는 그보다 빨리 자랐다. 뭐라도 자라는 게 어디냐, 생각했던 키 작은 사람이라 해도 이렇게까지 해서 자랄 필요는 없겠다 싶었다. 실패는 반가울 리 없고, 어떻게든 소화시켜야 했으니 삼키는 데 힘을 썼다. 그건 매우 피곤한 일이었다. 실패로부터 영양소를 쏙쏙 뽑아 이리저리 써먹어 나의 피와 살이 됐다고 하더라도 얻은 것에 비해 얻기 위한 과정이 너무 소모적이었다. 게다가 늘 얻기만 한 것도 아니어서 삼켜 버린 것들을 제대로 소화시키지 못하고 앓을 때가 많았다. 그럼에도 웬만한 건 다 삼켰다. 가능한 꼭꼭 씹고, 소화액으로 버무리고, 써먹을 걸 걸러낸 후, 찌꺼기를 내보냈다. 왕성한 식욕과 양질의 소화력은 없었지만 무엇을 먹을 수 없는지는 알아갔다.

마음에 방이 있다. 불시에 실패가 쳐들어와 방은 난장판이 되고 나는 그걸 치운다. 이걸 반복하는 까닭은 책임감 때문이다. 내게는 무슨 실패가 들이닥쳐 어떤 난장을 치더라도 기꺼이 치워야 하는 의무가 있다. 그게 자신에 대한 최소한의 예의라고 믿는다. 물론 예의 차리는 일도 지난해져 실패와 함께 방을 엉망으로 어질러 버릴 때도 있었다. 그러나 오래가지 않아 금세 알았다. '내가 지금 정신 줄을 놨구나!' 하고. 아수라장이 된 마음을 어떻게 수습할지 눈앞이 아득했지만 언제까지 가만히 있을 수 없었다. 벌떡 일어나 더러워진 발부터 닦았다. 방바닥에 널브러진 온갖 쓰레기들을 종량제 봉투에 쓸어 담고, 암막을 걷어 창을 열고 환기를 시켰다. 청소기를 들고 틈새 사이사이까지 훑은 후, 구둣발인지 뭔지 모를 온갖 자국과 오물을 물걸레로 바득바득 지웠다. 밀걸레는 안 돼. 그런 안일한 도구를 여기에 쓰려 하다니. 자고로 바닥은 무릎을 꿇고 방을 돌아다니며 걸레에서 뿌드득 소리가 날 만큼 세차게 닦아야 해. 방바닥이 반짝반짝 광택이 났다. 한창 치우고 있는데 저 멀리 비척이며 다가오는 또 다른 실패가 보였다. 예전에는(대략 10년 전으로 하자.) 그 모습만 봐도 당황해서 법석을 떨었지만 이제는 그런가 보다 했다. 진행되던 일이 어이없게 엎어져도, 다양한 서류를 받으며 협박에 가까운 말을 들어도, 오히려 그런 대상을 달래줘야 할 때도, 부당한 요구를 들어주지 않으면 안 되는 입장이 되어도, 그렇구나 싶었다. 이런 일에 어느 정도 무뎌졌다고 할 일이 줄어들진 않지만 마음은 덜 부대꼈다.

될 대로 되라는 마음으로 나를 허투루 방치할 생각은 애당초 없었다. 그래서 실패의 방을 부지런히 쓸고 닦으려 애썼다. 그 어느 방보다 나의 시간과 피땀 눈물이 스몄다. 그러면서 온몸에 잔근육이 붙고 효율적으로 쓰는 법도 익혔다. 실패가 휩쓸고 간 자리를 볼 때마다 "어휴, 이 엉망진창인 꼴 좀 봐." 투덜거렸지만 손발을 바쁘게 움직여 원래대로 말끔하게 정리했다. 실패 뒤치다꺼리 10년이 헛세월은 아니니까.

실패는 팽팽하던 긴장을 단번에 풀었다. 붙잡고 있던 것들을 놓게 되고, 놓칠까 봐 걱정할 게 사라지고, 잃을 게 없으니 마음이 편해졌다. 실패가 모든 것을 쓸어버린 곳엔 공허와 안락이 함께 머물렀다. 비참할 거라는 예상과 달리 후련했다. 실패는 '다시 시작하고 싶어.'에서 '다시'라는 의욕과 '시작'이라는 동력으로 변모할 때가 많았다. 자기 경험의 해석은 스스로 하는 것이다. 그러니까 되도록 좋은 방향으로 풀어 보자고 자신을 설득했다. 앞으로도 꾸준히 실패하며 살아갈 나를 위해서. 더 잘 살기 위해서. ☺

Week 5
빗금으로 그린 그림

비금으로 그린 그림
심   은   ㄴ ㅁ

×	자살하기 실패

Weekly Failure Planner

"쉼터요? 거기가 어떤 곳이죠?"

6월 초, 처음 들어보는 곳에서 강연 요청이 왔다. 학교 밖 아이들이 생활하는 쉼터라고 했다. 학교와 가정과 사회, 어디에도 자기 자리가 없는 아이들이 머무는 집. 강연은 9월, 10월에 걸쳐 4회였고, 강연료는 예상했던 것보다 훨씬 박했다. 사정은 이해했지만 나 역시 전업 작가였기 때문에 내가 쓰는 시간과 비용이 강연료보다 많다면 취지가 아무리 좋은 일이라도 고민이 됐다. 그래도 단번에 거절하진 못했다. 앞서 말했듯, '취지가 좋은 일' 자체가 저렴한 가격에도 불구하고 '고민의 핵심'이었으니까. 생각해 보고 이메일로 알려드리겠다고 했지만, 복지사는 통화에서 결정 짓고 싶어하는 눈치였다. 거절하려고 했다. 나는 혼자 그리는 사람이지 여러 사람 앞에 서서 말하는 사람은 못 되어서. 그런데 쉽게 말이 나오지 않았다. 상대는 즉답을 원했고, 나는 뜸들였다. "저, 작가님. 솔직히 내용은 고민하지 않으셔도 괜찮아요. 아이들에게 어른의 관심을 경험하게 해 주려는 게 저희 목표라서 너무 부담되시면 아무 말없이 그림만 그려도 좋아요." 복지사의 노련한 일격. 부담되면 거절해도 괜찮다가 아니라 그림만 그려도 좋다는 말에 나는 방어력을 잃었다. 그래도 선뜻 답하지 못하는 내게 복지사는 다시 말했다. "정 그러시면 그냥 와서 애들과 이야기만 해도 괜찮아요." 더 이상 뺄 게 남아 있지 않은 제안. 나는 수락할 수밖에 없었다.

어느덧 강연일이 됐다. 강연장 한쪽 벽에 <드로잉으로 만나는 나의 마음>이라고 쓰인 현수막이 붙었다. 강연장에 들어가기 전, 대기실에서 지도 선생님과 복지사로부터 학생들의 사연을 간략히 들었다. 강연장에 보조 선생님이 함께 있을 테니 안심해도 된다는 말과 반응이 없더라도 실망하지 말아 달라는 부탁인 듯 아닌 듯한 말도 전달받았다. 지도 선생님이 건네준, 덜 풀린 하얀 가루가 빙글빙글 돌고 있는 코코아에 내 표정이 비쳤다. '안심하지 못할 일은 뭘까? 반응이 없는데 실망하지 않을 수 있나? 근데, 왜 코코아를 주신 거지?'

강연장은 작고 좁았다. 성인 10명 정도 들어오면 서 있을 자리도 없을 것 같았다. 벽면은 온갖 장식으로 알록달록했고, 천장은 병실처럼 희었다. 크기에 비해 조명이 많아 무척 밝았지만 창문이 없었다. 학생들이 왔다. 이미 지루한 표정이었다. 그들이 여기 있는 이유와 내가 여기 온 이유가 너무 달랐다. 다른 세계를 사는 사람들이 같은 공간에 모였다. 그들의 사연, 강연 제목, 나의 생활 사이가 너무 멀어 얼마간 숨이 막힐 지경이었다. 입을 열면 피부가 부서질 것처럼 어색한 표정으로 강연을 시작했다. <드로잉으로 만나는 나의 마음> 현수막이 다시 눈에 들어왔다. '드로잉으로 뭘 만난다고? 마음을 어떻게 한다고?' 순간 거센 무력감을 느꼈다. 강의실 벽에 붙은 현수막을 뜯어버리고 싶었다. '어른들의 관심을 경험하게 하는 자리'라는 복지사의 말이 떠올랐다. 그 관심, 나도 원하게 될 줄은 미처 몰랐는데. 강연을 이어가기 위해선 적극적인 태도가 필요했다. 다급하게 머리를 굴렸다. '적극적인 거 뭐 있지? 뭘까, 대체 뭘까? 사람! 일단, 한 사람을 정해서 알아보자. 질문을 하든, 읽기를 시키든, 뭐든.' 8명의 학생들을 쳐다봤다. 그중 허리까지 기른 생머리에 매우 말랐고 소금에 절인 배추처럼 맥없는 모습의 학생이 눈에 들었다. 그 학생을 관찰하며 강연을 이어갔다.

책상에 놓인 A4 종이, 색연필, 펜. 40분을 남겨둔 시간 동안 자유 드로잉을 진행했다. 가장 인기 있고 집중도 높은 소재는 단연 얼굴. 자기 얼굴, 친구 얼굴, 선생님 얼굴, 온갖 얼굴을 마구 그려 보기로 했다. 아이들이 그리는 방법을 알려 달라고 하면 시연해서 보여 주고 자기들끼리 놀게 했다. 나는 슬렁슬렁 돌아다니면서 학생들의 그림을 힐끔힐끔 구경했다. 관심을 두기로 했던 학생 뒤를 지나갈 때 희고 불긋한 살갗이 눈을 스쳤다. 그림을 구경하는 척하며 좀 더 가까이 다가갔다. 하얗게 질린 자작나무 가지 같은 왼쪽 손목이 보였다. 깊게 패였던 만큼 불룩하게 솟아 채워진 새살이 왼쪽 손목 위에 가지런히 놓여 있었다. 실패한 죽음들이 차곡차곡 쌓인 희끄무레한 상흔 위에 이제 막 피딱지가 붙은 두 개의 빗금이 얹혀 있었다. 그녀는 양손잡이였다. 얼굴을 그리느라 왼손이 바빴다. 흉터 아래에서 근육과 힘줄과 핏줄이 제 일을 했다. 나는 가족에게서 사랑받기를, 보호받기를, 그저 안심할 수 있기를 바라는 마음이 칼날이 되어 손목을 그어댔을 그녀의 여러 낮과 밤을 펼쳐 보았다. 보이지 않는 장면은 얕은 분노와 넓은 슬픔이 뻐근히 채웠다. 그러고도 남은 부분은 끝내 채울 말을 찾지 못했다.

그녀의 흉터를 보며 죽고 싶었던 날을 추억했다. 우리 둘 중 죽음에 대한 결심이 어느 쪽이 더 간절한가, 타당한가 따위는 전혀 궁금하지 않았다. 같은 모양의 흉터는 아니어도 비슷한 나이에 닮은 꼴의 소망인, 자신을 또는 가족을 죽이고 싶은 마음으로 내내 가슴이 타들어 가고 있다는 걸 눈치챘다는 데에서 오는 반가움이 있었다. 반가움은 기이한 기쁨과 안도를 불러왔다. 그건 언젠가 그녀가 손목 긋는 일이 지루해져 결국 사는 길로 삶의 방향을 수정하는 날이 올 거라고, 궁금해서라도 그렇게 될 거라고. 그래서 아무 낙 없이 살아가다 덜컥 사랑을 만나 연애를 하고, 결혼도 하고, 어쩌면 아이를 가질 수도 있을 거라는 바람 때문이었다. 살아만 있어도 겪게 될 기쁨이 흉터를 덮고도 남을 거라는 믿음 때문이었다. 강연장을 몇 바퀴 돌아다니며, 그녀의 시간이 노루뜀 뛰듯 경중경중 뛰어서 빨리 어른이 되길 염원했다.

나는 학생들 사이 빈 책상에 앉았다. 내내 궁금했다. 손목을 긋게 만든 일이 무엇이었는지. 알고 싶은 마음이 그녀와 나 사이를 가늘게 연결시켜 사적인 숨구멍을 냈다. 그 사이로 관심이 지났다. 그녀는 A4 종이 위에 뾰족하게 구겨진 선으로 얼굴을 가득 그렸다. 한 사람인 것 같기도 했고, 모두 다른 사람 같기도 했다.

"얼굴들이 좀 아파 보이네요."
"아픈 거 아닌데요."
"그래요? 그럼 못생긴 건가."
"못생긴 것도 아니고요, 아픈 것도 아니고요, 못된 거요. 이거 다 못된 거예요."

우리는 그림을 보며 그 세계 언어로 짧게 대화했다. 두 개의 얼굴을 더 그리더니 우뚝 멈추고선 그녀가 말했다.

"근데……이거 이렇게 그려도 돼요?"
"그럼 어떻게 그려야 되는데요?"
"그냥. 예쁘게."

구겨지고 뾰족한 얼굴을 그릴 때, 자기가 그린 그림을 보며 물었을 때, 그녀가 어떤 마음이었을지 나는 모른다. 그렇다고 무람없이 질문하지도 않았다. 크게 어색해 하지 않고 대화를 나눈 일이 그녀의 세계에 발을 들여놓아도 좋다는 허락은 아니니까. 자주는 아니지만 간혹 응어리진 마음이 누군가의 조심스런 관심으로 속절없이 풀릴 때가 있는데, 그녀도 그랬길 바랐다. 그래서 '못된 얼굴들'이 잠깐 우릴 연결시킨 동안, 나의 관심이 싫지만은 않아서 말없이 다소간 같이 앉아 있었던 거라고 믿고 싶었다. 어딘가 뒤틀리고 엉킨 그녀의 마음이 허무하게 탁, 잠시라도 풀어졌기를. 그럴 수 있다면 <드로잉으로 만나는 나의 마음>이라는 강연 제목을 그렇게까지 부끄러워하지 않아도 될 것 같아서.

드로잉은 이어졌다. 그녀와의 대화는 더해지지 않았다. 연결된 마음은 그에 합당한 행동이 수반되지 않으니 금세 지루해졌다. 나의 공감은 참을성도 없고 시시하구나, 이 친구도 그렇게 생각할까? 손목 위 빗금을 눈으로 다시 훑었다. 그때마다 나의 왼팔목이 찌릿했다. 우리는 분명 몸으로 구분되어 있었지만 쉽게 마음을 연결했다. 몸은 나만의 것이 아니구나, 그러니까 내 몸에 일어난 많은 일들이 혼자만의 일이 아닐 수도 있겠다고 짐작했다. 그러면서 그녀의 손목도 그녀만의 것이 아니겠지, 그래, 반드시 그녀만의 것이 아니기를, 함께 통증을 느끼는 공유된 상처이기를 기대했다. 그리고 그녀가 또 다른 자신을 탄생시켰으면 좋겠다. 누구보다 넘치는 사랑을 받고, 보호받고, 인정받고, 그렇게 애정으로 충만한 자신을. 또 다른 자신이 싫다면 언니를, 오빠를, 아빠나 엄마, 선생님, 가족이든 아니든 그녀에게 가장 가까운 누군가를. 그래서 박탈된 것들을 스스로 탄생시킨 인물로부터 충족시키며 결핍되어 부서진 지금의 자신을 돌볼 수 있기를. 너무 허무맹랑한 상상이라고 말한다면 그래서 가능하다고 답하겠다. 희망이란 인간의 허구에서 빚어내는 까닭으로.

강연이 끝났다. 마구잡이로 그린 그림들을 남겨두고 원래 없던 것처럼 아이들은 사라졌다. 그녀는 가장 마지막에 일어나 숙인 고개를 더 숙이며 인사를 했다. 서둘러 자기 그림을 챙겨 강연장을 나서려는 그녀에게 인사 말고 다른 말을 하고 싶어서 "어, 그러니까, 저기요." 했다.

"혹시 그 그림들 보관할 건가요?"

"아, 그게……그냥…….."
"제가 가져도 될까요?"
"네? 근데 이거 별론데……."
"저한테 줘요. 제가 잘 갖고 있을게요."

그녀는 안고 있던 그림을 책상 위에 올려놓고 빠른 걸음으로 나갔다. 나는 그림들을 가지런히 모아 가방에 넣고, 책상 위를 잠시 바라봤다. 고요를 뚫고 지도 선생님이 부르는 소리가 들렸다. 여전히 덜 섞인 채 식어 버린 코코아를 단숨에 마신 뒤 강연장을 빠져나왔다. ☺

29. 자살하기 실패

뒤늦게 알게 된 마음

×	~~잘살하기 실패~~
×	연락하기 실패

Weekly Failure Planner

H와 고등학교 때부터 친구였다. 기타부와 보컬부 활동을 하며 함께 연습한 곡으로 무대에 오르기도 했고, 틈만 나면 다른 친구들과 어울려 농구를 했다. 뛰고 구르고 달리는 장면에 늘 같이 있었고, 네 집, 내 집 가리지 않고 서로의 집에서 먹고 자고 놀고 떠들었다. H는 문과, 나는 이과를 선택했고, 서로 다른 대학교로 진학했다. 연애하고 술 마시는 일 외에 전공과목(컴퓨터 공학)에는 전혀 흥미가 없었던 나는 1년 다닌 대학교를 자퇴하고 전공과 학교를 바꿔 다시 입학했는데, 가보니 H가 다니고 있던 학교와 학과였다. 졸업 후 나는 서울로, H는 호주로 유학을 떠나면서 연락도 뜸해졌다. 그러다가 H의 결혼 소식을 들었다. 얼마 지나지 않아 첫째를 출산했고, 금세 둘째를 낳았다는 이야기를 들었다. 호주에 있던 H가 달로, 화성으로, 그러더니 멀리 외부 은하로 영영 사라지는 것만 같았다.

H의 전화를 받았다. 오랜만의 통화였다. 인생에서의 큰 변화에 대한 서로의 근황을 주거니 받거니 하던 중, 나는 이직할 곳을 정하지 않고 회사를 그만뒀다고 말했다. 3년 동안 일러스트로 어떻게든 결과를 내보려 한다고. 당시의 나는 세상의 모든 거절을 끌어오는 저주에라도 걸린 것 같았다. 무슨 일을 하려 할 때마다 초반에 거절당하거나, 진행 직전에 무산되거나, 시작

하고서 공중 분해되거나, 아무튼 나와 연관된 것이라면 '표적 거절'이라도 하려고 작정한 것 같은 세상이었다. 나는 '제안→거절→점검→수정 및 보완→재도전→성공' 이런 공식을 설계했지만, 예상하지 못한 각양각색의 변수를 경험하며 '제안→거절→반복'으로 계획은 단번에 수정됐다. 마라톤처럼 이어지는 거절들은 나를 필요로 하지 않는다는 내용이었고, 종국엔 나 역시 자신을 쓸모없는 인간처럼 바라보기에 이르렀다. H는 내가 이런 과정을 겪을 걸 짐작했는지 이렇게 말했다. "네가 작가가 되는 건 예상했지만, 회사를 그만둘 줄은 몰랐어."

미래의 불안이 현재의 동력이 될 때도 있지만, 고스란히 더 큰 불안으로 지금을 망치는 경우도 있는데 내가 그랬다. H는 그런 나를 알았고, 나는 나를 모른 채 저질렀다. 판단 실수와 오만으로 내린 결정이 가르쳐 준 것도 분명 있었지만, 그건 훗날의 일이었다. 당장은 뒷감당(대부분 돈 문제)을 하느라 노심초사 전전긍긍하며 살아야 했다. 창작이 주는 즐거움은 말라갔고, 하려던 일과 하고 있는 일 모두에 후회와 원망이 들러붙었다.

한국에 잠시 왔던 H가 자취하던 원룸에 들렀다. 조리 도구는 무료 나눔으로 받은 1인용 밥솥과 전기 포트가 전부였고, 식사는 밥과 김치, 라면 수프를 풀어 만든 국물로 해결했다. 방을 둘러보던 H는 내 손목을 잡더니 마트로 갔다. 카트를 가득 채우려고 해도 원룸 옵션 냉장고는 46L라서 그럴 수도 없었다. 우리는 전기 팬과 고기, 버섯을 사서 자취방으로 돌아왔다. 바닥에 신문지를 깔고 전기 팬을 켠 후, 고기와 버섯을 구웠다. 무슨 내용인지 기억나지도 않을 시답잖은 잡담을 주고받으며 먹는데 갑자기 H가 울었다. 이제와 생각해 보면 이유를 물을 법도 한데, 나는 묻지 않았다. 다 구워진 버섯만 우걱우걱 씹어 먹었다. 우리가 술을 마셨는지, 몇 시까지 있었는지, 어떻게 헤어졌는지 기억이 없다. 울었다 그쳤다 하며 고기와 버섯을 먹는 장면이 워낙 강렬했는지 다른 잔잔한 기억들을 뒤덮은 것만 같았다.

이후로 연락은 끊어질 듯 이어졌다. 그러는 동안 H는 맞벌이를 하며 두 아이를 키우는 워킹맘이 됐고 나의 사정은 더욱 나빠지고 있었다. 비뚜름하게 바라보던 세상은 이제 부러진 채로 보였다. 그림 컷당 5천 원짜리 알바를 하는 일과 그조차 떼이거나 지급 지연되는 일에 지쳐 갔고, 그런 일 외에 선택할 수 있는 일이 없어서 암담했다. 일과 인간관계와 생활에 모두 무능력했던 시기, H는 자주 연락을 했다. 통화 내용은 대부분 호주 생활의 어려움과 부부 갈등이었다. 나는 본 적

없는 구성원 간의 갈등과 타국에서의 문화 충돌, 직장 고충, 결혼 유지의 괴로움에 대해 들었다. 어느 날의 통화 역시 먹고사는 어려움과 아이들에 대한 염려 같은 내용이었는데, 마치 누군가 물속으로 머리를 꾹 누르는 것처럼 서서히 숨이 막혔다. 스마트폰을 귀에서 떼었다. 물끄러미 화면을 바라보며 제대로 전달되지 못해 뭉개지는 H의 목소리를 들었다. 외마디 비명을 지른 후 당장 전화를 끊고 싶었다. 그 후로 H의 전화를 받지 않았다. 부재중이 남겨져도 다시 걸지 않았고, 메시지가 와도 읽지 않았다. 나는 응석을 부렸다. H 역시 녹록하지 않은 삶을 살고 있는 걸 알면서도, 나보다 낫잖아, 나보다 낫잖아, 그렇게 내뻗치며 등을 획 돌렸다.

나는 손톱자국이 손바닥에 쿡쿡 남을 만큼 꽉 쥔 손을 풀고 바닥에 엎드려 엉엉 울고 싶었다. 혼자 엉엉 아닌, 등을 쓸어 주는 사람을 곁에 두고 엉엉. 바닥에 엎드려서도 주먹을 꽉 쥐어 손톱이 손바닥을 파고들도록 두는 미련한 나는, 흐리게 연결된 나의 사람들이 눈치껏 나의 등을 쓸어 주길 바랐다. 꽉 쥔 나의 주먹을 억지로 펼쳐 손톱자국 붉게 박힌 손바닥을 저들 손으로 곱게 쓸며 세상을 부러진 채로 보지 말라고, 그런 것쯤 아무것도 아니라고, 말해 주길 원했다. 답답한 나의 상황과 별개인 H의 하소연을 탓하는 자신이 유치했지만 서운한 마음이 분이 되어 억수같이 밀려드는 걸 막을 재간이 없었다. 그저 듣기만 해도 그만인 것을, 그 쉬운 일을 못해서 길고 깊었던 H와의 끈을 싹둑 잘라 냈다. 무슨 짓을 하는지도 모르고. 나는 전기 팬에 고기와 버섯을 구워 먹던 때와 달라진 게 없었다.

간혹 국제 전화 번호가 뜰 때면 스팸인 줄 알면서도 혹시나, 하는 마음이. 다시 연락해 주지 않을까, 하는 기대가 생겼다. 부재중 전화와 읽지 않고 삭제한 메시지의 횟수만큼 마음에 고인 미안함은 세월이 지나도 마르지 않은 채 그대로였다. 그럼에도 기다리는 사람의 입장을 고수했다. 어쩌면 나는 아직도 H에게만큼은 어른이고 싶지 않은 것 같다. 입을 삐죽대면서 쳇, 쳇, 툴툴대다 한쪽에서 객쩍은 웃음이 터지면 끊어졌던 통화가 서서하게 이어질 거라고 여길 만큼 그리워했나 보다. 하지만 거기까지. 우리의 은하는 이미 너무 멀어졌고, 다시 연결되지 않더라도 다행히 축복을 빌어 줄 정도의 어른이 되었다. 내게 늘어놓은 H의 넋두리는 어떤 면에선 나를 측은하게 보지 않고 믿었기 때문에 보여 준 사랑이었다는 걸 조금은 알 것 같다. 그런 마음이 생길 때마다 나 모르게 쑥쑥 자라난 머리카락처럼 미안함과 고마움이 내 안에서 길게 자랐다. ☺

DAY 31

확정된 시간

✕	~~자살하기 실패~~
✕	~~연락하기 실패~~
✕	후회하지 않기 실패

Weekly Failure Plnner

알음알음 알던 지인이 암으로 세상을 떠났다. 나와 동갑이었고, 자기 일을 무척 사랑했던 사람이었다. 새로운 약이 잘 듣는가 싶었는데, 갑자기 차질이 생겼다고 했다. 그가 살아 있던 마지막 겨울, 그는 항암 후유증으로 가혹한 시간을 보내고 있었다. 그런 그를 만났다. 그의 표정을 살핀 지 얼마 되지 않아 그의 입에서 '지독한'이라는 단어가 길고 무거운 날숨으로 빠져나왔다. 이내 머리를 가로저으며 그 말을 털어내려는 사람에게 난 무엇도 물어볼 수 없었다. 그가 말했다. 그럼에도 잘 견뎌내어 2023년을 맞이했다고. 지금처럼 짐짓 느긋하게 말을 건네어 달래야 했던 사람이 얼마나 많았을까? 거기에 나까지 보탰으니 미안하면서도 안심이 됐다. 안심이 됐다니. 이상하고 불편했다. 그는 유약을 바르지 않은 도자기처럼 거칠한 회색빛 얼굴을 가로로 늘이며 연하게 웃었다. 할 수 있는 게 없다는 사실은 생각보다 슬퍼서 어떻게든 희석시키고 싶은 마음에 괜히 이런저런 바람을 말했다. 볼 수 있지만 살 수 없는 쇼윈도 속 보석 같은 소망을. 구경하는 동안 기분은 좀 나으니까.

추위가 가시면서 땅이 꿈틀대고 숨 쉬는 모든 것들에 온기가 스미면 생명들은 어쩔 도리 없이 가슴이 뛴다. 뛰는 가슴으로 부푼 마음은 꺾였던 고개를 들어 더 멀리 보고, 더 많은 걸 기대하게 만든다. 지나치게 차가웠던 겨울이었으니 이제 막 추위가 가실 정도의 온기라도 자주 뜨거움이 됐을 것이다. 그의 세계는 요동치고 있었다. 밤과 낮을 오가며 겨울과 봄을 대하듯 쪼그라들었다 팽팽하게 부풀기를 반복했다. 목련, 개나리, 매화가 순서를 가리지 않고 사방에서 폭죽처럼 정신없이 터졌다. 꽃을 타고 흐르는 꽃내음으로 세상이 아득한 숙성된 약주 같은 계절, 진짜 봄이었다. 그에게 봄은 절대적이고 유일한 구원자가 되겠지. 생명이 흔해지는 계절에 그는 어떤 소망을 품고 있을까?

그의 얼굴과 말이 궁금했던 4월 21일, 부고 소식은 느닷없이 도착했다. 뒤늦게 코로나에 걸려 어지러운 정신으로 소식을 개봉했다. 나는 이해하지 못했다. 그도 그럴 것이 그에게서 봄이 시작되고 있다는 말을 들었다. 그의 말과 부고는 서로를 부정했다. 부고는 오류처럼 읽혔다. 땀으로 축축해진 이부자리에 누워 공상 같은 그의 부재와 쏟아내던 말 사이에 끼었다. 며칠에 걸쳐 오만 가지 생각이 뻗어 나갔다. 한 가지에 두 가지가 나고, 한 잎에 두 잎이 돋으며 맹렬하게 내뻗던 생각들은 고열이 진정되며 순식간에 말라비틀어지더니 뚝뚝 부러졌다. 이틀분의 처방약을 남기고 자리에서 일어나 창을 열었다. 와락 끼친 4월의 봄바람은 앓느라 뿜어댄 쿰쿰한 냄새를 단번에 씻어 냈다. 몇 번의 바람이 더 들이쳤고 나를 꽉 채운 부러진 가지들을 움켜쥐고 사라졌다. 바람이 지나는 동안 이불을 걷었고 마음은 비었다. 장례식이 끝난 날 나는 방 밖을 나왔다.

그의 죽음은 미지근한 여운을 남겼다. 제법 긴 여운의 대부분은 후회였다. 자주 남이었고 가끔 친구처럼 지냈던 사이에서 후회할 일이 무엇일까? 있어도 그게 대수일까? 방심한 탓에 후회의 종류와 깊이는 쉽게 예상을 넘겼다. 그때 만나지 말 걸, 웃지 말 걸, 응원하지 말 걸. 커피가 맛있다고, 겨울이 지나고 있다고, 표정이 밝아졌다고, 다음엔 밥을 사겠다고 그렇게 말하지 말 걸. 무언가를 했기 때문에 생긴 후회가 이어졌다.

갖고 싶다, 알고 싶다, 이루고 싶다, 이런 의욕들이 바스라졌다. 어떻게 살아야 할까? 어떤 사람으로 살고 싶은 걸까? 그는 '어떤 사람으로 살 것인지'에 대한 자신만의 답을 찾기 위해 버둥거렸다. 병원에서 시간이 얼마 남지 않았다는 걸 확인했을 땐 찾기를 그만두고 실행하기 위해 애썼다. 죽어 가고 있는 중임을 받아들인 후의 절박함이었다. 그는 죽기 전 한 계절 동안 부단히 찾고, 하고, 이루거나 포기했다. 그의 몸은 현재에 있었고 마음은 미래를 살았다. 그렇게 사그라지는 몸을 갖고서 계절을 앞서갔다. 그의 삶이 어땠는지 나는 알기 어렵지만 마지막 한 계절만큼은 살며 느낀 후회와 후회가 불붙인 동력으로 가득하지 않았을까. 적어도 자신만큼은 한정된 시간을 무한정으로 느낄 수 있도록.

살아 있음이 당연하지 않음을, 지인과 친구와 가족이란 생각할수록 당연한 존재가 아니어서 낯설고 신기한 것임을. 그의 죽음이 남긴 미지근한 후회가 제법 길게 머무르는 동안 기도했다. 그들이 모두 바라는 바를 이루었으면, 건강했으면, 행복했으면. 이건 나를 위함이기도 했다. 오래 머물러 주길 바랄 만큼 좋아하는 사람들 곁에 더 오래 머물고 싶은 나를 위한 기도. ☺

31. 후회하지 않기 실패

에필로그

읽을 만한 시간

에디터가 물었다.

"이 책을 언제 읽으면 좋을 것 같아요?"

나는 답했다.

"노을 질 때요. 세상이 귤즙으로 흠뻑 젖을 때, 그때."

집으로 돌아와 해가 기울 시간에 맞춰 거실 책상에
앉았다. 몇 분 지나지 않아 거실 안으로 비스듬히
귤즙처럼 짙은 주황의 단내가 녹진하게 흘러들었다.
미지근한 맥주를 홀짝이며 원고를 읽기 시작했다.
발을, 몸을, 얼굴과 머리를 적시던 노을은 더욱
속도를 내어 집을, 거리를, 세상을 모두 적시고선
순식간에 사라졌다. 경계 없이 뒤섞이는 시간 중,

유일하게 분명한 경계를 보여 주는 순간이었다.
밝음에서 어둠으로 넘어가는 사이 실패라고
뭉뚱그린 거칠고 쓰려 애달픈 것들을 애틋이 바라보며
섬세하게 골라내고 싶은 마음이 슬며시 들었다.
지독한 실패라도 자꾸 보다 보면 엉성한 부분을
찾을 수 있었다. 모자란 것에겐 왜 그리 연민이 가는지.
회초리 자국 남은 종아리에 연고 바르는 심정으로
새침한 표정의 실패들을 쓰다듬으며 글을 마저 읽고,
마시던 맥주를 모두 마셨다.

에필로그

케챱이 되고 싶어

1판 1쇄 발행 2025년 7월 31일

지은이 | 설레다
펴낸이 | 양승윤

펴낸곳 | (주)와이엘씨
출판등록 | 1987년 12월 8일 제1987-000005호
주소 | 서울특별시 강남구 강남대로 354 혜천빌딩 15층 (우)06242
전화 | 02-555-3200
팩스 | 02-552-0436
홈페이지 | www.ylc21.co.kr

ⓒ 2025 설레다
ISBN 978-89-8401-860-0 03810

모베리는 다양하고 창의적인 생각과 세상의 모든 이야기를 담은
㈜와이엘씨의 출판 브랜드입니다.
이 책의 저작권과 출판권은 설레다와 (주)와이엘씨에 있습니다.
저작권법에 따라 보호받고 있으므로 무단 전재와 무단 복제를 금합니다.